W0040807

BENEDIKT XVI.

Laßt Euch mit Gott versöhnen

Mit dem Heiligen Vater
durch die Fastenzeit

BENEDIKT XVI.

Laßt Euch mit Gott versöhnen

Mit dem Heiligen Vater durch die Fastenzeit

Sankt Ulrich Verlag

Bibliographische Information der Deutschen Bibliothek

Die Deutsche Bibliothek verzeichnet diese Publikation in der
Deutschen Nationalbibliographie; detaillierte bibliographische Daten
sind im Internet über http://dnb.ddb.de abrufbar.

© Libreria Editrice Vaticana, Rom
© 2011 by Sankt Ulrich Verlag GmbH, Augsburg
Alle Rechte vorbehalten
Titelbild: Stefano Spaziani
Umschlaggestaltung: uv media werbeagentur
Mediengruppe Sankt Ulrich Verlag, Augsburg
Druck und Bindung: CPI books GmbH, Ulm
Printed in Germany
ISBN 978-3-86744-162-9
www.sankt-ulrich-verlag.de

INHALT

FASTENZEIT

»Nachdem er vierzig Tage und vierzig Nächte gefastet hatte ...«

*Vom Wert und Sinn des Verzichtes** *

Zu Beginn der Fastenzeit, die ja ein Weg vertieften geistlichen Tuns ist, empfiehlt uns die Liturgie [...] drei Bußpraktiken, die der biblischen und christlichen Tradition sehr wichtig sind – das Gebet, das Almosengeben und das Fasten. Sie dienen der inneren Vorbereitung, damit das Osterfest besser begangen und so die Macht Gottes erfahren werden kann. Diese – so verkündigt es uns neu die Ostervigil – »nimmt den Frevel hinweg, reinigt von Schuld, gibt den Sündern die Unschuld, den Trauernden Freude. Weit vertreibt sie den Haß, sie einigt die Herzen und beugt die Gewalten« *(Osterlob)*. In meiner [...] Fastenbotschaft möchte ich besonders beim Wert und Sinn des Fastens verweilen. Die österliche Bußzeit ruft ja die vierzig Tage in Erinnerung, in denen der Herr vor dem Antritt seines öffentlichen Wirkens in

---

* Aus der Botschaft für die Fastenzeit 2009

der Wüste fastete. Im Evangelium lesen wir: »Jesus (wurde) vom Geist in die Wüste geführt, um vom Teufel versucht zu werden. Nachdem er vierzig Tage und vierzig Nächte gefastet hatte, bekam er Hunger« (*Mt* 4,1–2). Wie Mose vor dem Empfang der Gesetzestafeln (vgl. *Ex* 34,28), wie Elias vor der Begegnung mit dem Herrn auf dem Berg Horeb (vgl. *1 Kön* 19,8), so bereitete sich auch Jesus durch Beten und Fasten auf seine Sendung vor, an deren Anfang eine harte Auseinandersetzung mit dem Versucher steht.

Wir können uns fragen, welchen Wert und Sinn es für uns Christen hat, sich etwas zu versagen, das an sich gut und zu unserem Unterhalt nützlich ist. Die Heilige Schrift und die ganze christliche Tradition lehren, daß das Fasten eine große Hilfe ist, die Sünde zu meiden sowie das, was zu ihr verleitet. Darum kehrt in der Heilsgeschichte die Aufforderung zum Fasten des öfteren wieder. Schon in den ersten Kapiteln der Bibel untersagt der Herr dem Menschen den Genuß der verbotenen Frucht: »Von allen Bäumen des Gartens darfst du essen. Von dem Baum der Erkenntnis des Guten und Bösen aber darfst du nicht essen. Denn am Tag, da du davon ißt, mußt du sicher sterben« (*Gen* 2,16–17). In einem Kommentar über das göttliche Gebot schreibt der hl. Basilius: »Das erste Fastengebot wurde im Paradies erlassen«, und »im genannten Sinn empfing Adam das erste Gebot.« Daraus folgert er: »Nicht zu essen, heißt also zu fasten und das Gesetz der Enthaltsamkeit zu beachten« (vgl. *Sermo de ieiunio: PG* 31,163,98). Da wir alle an der Sünde und ihren Folgen tragen, wird uns das Fasten als ein Mittel empfohlen, neu Freundschaft mit dem Herrn zu schließen. So tat es Esra vor seiner Rückkehr aus dem Exil in das verheißene Land, als er das versammelte Volk zum Fasten aufrief, »damit wir«, wie er sagte, »uns vor unserem Gott verdemütigen« (8,21). Der Allmächtige erhörte ihr Gebet und sicherte ihnen seine Huld und seinen Schutz zu. Gleiches vollzogen die Einwohner von Ninive, die auf Jonas Appell zur Umkehr hörten und als Zeugnis ihrer Aufrichtigkeit ein Fasten ausriefen. Dabei hofften sie: »Vielleicht reut es Gott noch einmal, und er läßt ab von seinem glühenden Zorn, so daß wir nicht zugrunde gehen« (3,9). Auch damals schaute Gott auf ihr Tun und verschonte sie.

Im Neuen Testament erhellt Jesus den tiefen Sinn des Fastens: Er geißelt die Pharisäer, die die vom Gesetz angeordneten Vorschriften in allen Einzelheiten beachteten, deren Herz jedoch weit von Gott entfernt war. Wie der göttliche Meister an anderer Stelle lehrt, besteht das wahre Fasten vielmehr darin, den Willen des himmlischen Vaters zu tun, »der ins Verborgene sieht« und »vergelten« wird (*Mt* 6,18). Jesus selbst bezeugt dies am Ende der vierzig Tage in der Wüste gegenüber dem Satan: »Nicht vom Brot allein lebt der Mensch, sondern von jedem Wort, das aus dem Mund Gottes kommt« (*Mt* 4,4). Das wahre Fasten richtet sich also auf das Essen der »wahren Nahrung«, nämlich: den Willen des Vaters zu tun (vgl. *Joh* 4,34). Während also einst Adam Gottes Gebot übertrat, »von dem Baum der Erkenntnis des Guten und des Bösen« nicht essen zu dürfen, unterwirft sich nun der Gläubige durch das Fasten Gott in Demut, weil er auf dessen Güte und Barmherzigkeit vertraut.

In der christlichen Urgemeinde gehörte das Fasten zur festen Gewohnheit (vgl. *Apg* 13,3; 14,22; 27,21; *2 Kor* 6,5). Auch die Kirchenväter sprechen von der Wirkkraft des Fastens: Es hält die Sünde in Zaum, dämpft die Begierden des »alten Adams«, eröffnet Gott den Weg im Herzen des Gläubigen. Das Fasten ist zudem eine geläufige Übung, die die Heiligen jeder Zeit empfohlen haben. Der hl. Petrus Chrysologus schreibt: »Die Seele des Gebetes ist das Fasten, das Leben des Fastens ist die Barmherzigkeit (...) Wer also betet, der faste auch; wer fastet, übe auch Barmherzigkeit; wer selbst gehört werden will, der höre auf den Bittenden; wer sein Ohr dem Bittenden nicht verschließt, der findet Gehör bei Gott« (*Sermo* 43: *PL* 52,320.332).

In unseren Tagen scheint das Fasten an geistlicher Bedeutung verloren zu haben; eine Kultur, die von der Suche nach materiellem Wohlstand gekennzeichnet ist, gibt ihm eher den Wert einer therapeutischen Maßnahme zum Besten des Körpers. Fasten dient sicherlich der körperlichen Gesundheit; für die Gläubigen aber ist es in erster Linie eine »Therapie« zur Heilung all dessen, was sie hindert, Gottes Willen anzunehmen. In der Apostolischen Konstitution *Paenitemini* von 1966 ordnete der Diener Gottes Paul VI. das Fasten der Berufung eines jeden Christen zu, die darin besteht, »nicht mehr für sich selbst (zu) leben, sondern für den, der ihn liebte und sich selbst für ihn hingab, sowie (...) für die Brüder und Schwestern« [...]. Die Fastenzeit könnte daher eine passende Gelegenheit sein, die Normen der eben erwähnten Konstitution wieder aufzugreifen und so die echte und dauernde Bedeutung dieser alten Bußpraxis aufzuwerten. Sie kann uns dazu verhelfen, unseren Egoismus zu bändigen und das Herz zu weiten für die Liebe zu

Gott und zum Nächsten, für das erste und höchste Gebot des Neuen Gesetzes und die Summe des ganzen Evangeliums (*Mt* 22,34–40).

Unbeirrte Fastenpraxis trägt außerdem dazu bei, Leib und Seele der Person stärker zu vereinen, die Sünde zu meiden und in der Vertrautheit mit Gott zu wachsen. Der hl. Augustinus, der seine bösen Neigungen gut kannte und sich danach sehnte, »diese mehrfach verschlungene und verwickelte Verknotung« möchte gelöst werden (*Bekenntnisse*, II,10.18), schrieb in seiner Abhandlung über den *Nutzen des Fastens:* »Gewiß, ich töte mich ab, damit er mich schone; ich lege mir Züchtigungen auf, damit er mir zu Hilfe komme, damit ich Wohlgefallen finde in seinen Augen, damit ich ihm, dem Allmächtigen, Freude mache« (*Sermo* 400,3,3: *PL* 40,708). Auf körperliche Speise zu verzichten, die den Leib nährt, fördert die innere Bereitschaft, auf Christus zu hören und sich mit seinem Heilswort zu sättigen. Unser Fasten und Gebet erlauben es ihm, den tiefliegenderen Hunger zu stillen, den wir in unserem Innersten empfinden: den Hunger und Durst nach Gott.

Zugleich läßt uns das Fasten ein wenig von der Situation erfahren, in der viele unserer Brüder leben. In seinem Ersten Brief mahnt der hl. Johannes: »Wenn jemand irdisches Vermögen besitzt, seinen Bruder Not leiden sieht und sein Herz vor ihm verschließt, wie kann in ihm die Gottesliebe bleiben?« (*1 Joh* 3,17). Freiwillig zu fasten verhilft uns dazu, den guten Samariter nachzuahmen, der sich hinneigt und sich des notleidenden Bruders annimmt (vgl. *Deus caritas est*, 15). Freiwilliger Verzicht zum Heil anderer bekundet, daß uns der bedürftige Nächste nicht fremd ist. Um Sensibilität und Fürsorge für die Brüder und Schwestern wachzuhalten, ermutige ich die Pfarrgemeinden und jede Gemeinschaft, in der österlichen Bußzeit persönliches und gemeinschaftliches Fasten häufiger zu üben und sich zugleich dem Hören auf Gottes Wort, dem Gebet und der Wohltätigkeit zu widmen. Das war von Anfang an die Lebensart der christlichen Gemeinde, in der besondere Kollekten gehalten (vgl. 2 *Kor* 8–9; *Röm* 15,25–27), und die Gläubigen aufgefordert wurden, den Armen das zu geben, was sie dank des Fastens zur Seite gelegt hatten (vgl. *Didascalia Ap.*, V,20,18). Auch heute muß diese Praxis wiederentdeckt und gefördert werden, vor allem in der Fastenzeit.

Das bislang Gesagte überzeugt davon: Zu fasten ist eine wichtige Form der Askese, eine geistliche Waffe zur Bekämpfung jeder möglichen ungeordneten Anhänglichkeit an uns selbst. Freiwillig auf den Genuß von Nahrung und andere materielle Güter zu verzichten, hilft dem Jünger Christi, das Verlangen der durch die Ursünde geschwächten Natur im Zaum zu halten, deren negative Wirkungen den Menschen als ganzen treffen. Ein alter liturgischer Hymnus der Fastenzeit mahnt: »*Utamur ergo parcius, / verbis, cibis et potibus, / somno, iocis et arctius / perstemus in custodia* – Laßt uns maßvoll Wort, Nahrung, Trank, Schlaf und Spiel gebrauchen und mit größerer Aufmerksamkeit wach bleiben«.

[...] genau gesehen will – wie der Diener Gottes Papst Johannes Paul II. schrieb – das Fasten letztlich jedem dazu verhelfen, aus sich selbst eine Gabe an Gott zu machen (vgl. *Veritatis splendor*, 21). Die österliche Bußzeit werde daher in jeder Familie und in jeder christlichen Gemeinde genutzt, all das fernzuhalten, was den Geist ablenkt und all das zu fördern, was die Seele nährt und sie für die Gottes- und Nächstenliebe öffnet. Ich denke hier insbesondere an vermehrten Eifer im Gebet, in der *lectio divina*, im Empfang des Sakraments der Versöhnung und in der Mitfeier der Eucharistie, vor allem der Sonntagsmesse. Das ist die rechte seelische Bereitschaft, die österliche Bußzeit zu beginnen. Die selige Jungfrau Maria

15

möge uns als *Causa nostrae letitiae* – als Ursache unserer Freude – begleiten und uns in unserem Ringen mit der Sünde beistehen, damit unser Herz immer mehr zu einem »lebendigen Tabernakel Gottes« werde.

»Auf den schauen, den sie durchbohrt haben«

Besinnung auf die Liebe des Gekreuzigten*

Sie werden auf den schauen, den sie durchbohrt haben« (*Joh* 19,37). Dieses Wort aus der Heiligen Schrift leitet unsere [...] Betrachtung zur Fastenzeit. Die österliche Bußzeit ist besonders geeignet, zusammen mit Maria und Johannes, dem Liebesjünger, bei dem zu verweilen, der am Kreuze für die ganze Menschheit sein Leben geopfert hat (vgl. *Joh* 19,25). In dieser Zeit der Buße und des Gebetes wenden wir darum unseren Blick mit lebendiger Anteilnahme zum gekreuzigten Christus, der durch seinen Tod auf Golgotha uns die Fülle der Liebe Gottes offenbart hat. In der Enzyklika *Deus caritas est* – »Gott ist die Liebe« habe ich mich dem Thema der Liebe gewidmet und die beiden Grundformen: *Agape* und *Eros* in den Blick gerückt.

---

* Aus der Botschaft für die Fastenzeit 2007

Mit dem Ausdruck *Agape,* der häufig im Neuen Testament vorkommt, wird die hingebende Liebe dessen bezeichnet, der ausschließlich das Wohl des anderen sucht; das Wort *Eros* hingegen meint die Liebe dessen, den ein Mangel bedrückt und der nach der Vereinigung mit dem Ersehnten verlangt. Die Liebe, mit der Gott uns umgibt, entspricht der *Agape.* Kann der Mensch etwa Gott etwas geben, was Er nicht schon besäße? Was das menschliche Geschöpf ist und hat, ist Gottes Gabe: folglich ist es das menschliche Geschöpf, das in allem Gott braucht. Doch Gott liebt auch mit der Kraft des Eros. Im Alten Testament erweist der Schöpfer des Universums dem von Ihm erwählten Volk eine erwählende Liebe, die jeden menschlichen Beweggrund übersteigt. Der Prophet *Hosea* bringt diese göttliche Passion in wagemutigen Bildern zum Ausdruck, wie etwa dem von der Liebe eines Mannes zu einer ehebrecherischen Frau (vgl. 3,1–3); wenn Ezechiel von der Beziehung Gottes zum Volk Israel spricht, scheut er sich nicht, eine glühende und leidenschaftliche Sprache zu wählen (vgl. 16,1–22). Solche biblische Texte zeigen, daß der Eros zum Herzen Gottes selbst gehört: der Allmächtige erwartet das »Ja« seiner Geschöpfe wie ein junger Bräutigam das seiner Braut.

Durch die Falschheit des Bösen hat sich die Menschheit leider von Anfang an der Liebe Gottes verschlossen in der Illusion einer unmöglichen Selbstgenügsamkeit (vgl. *Gen* 3,1–7). In sich verkrümmt hat sich Adam von Gott, der Quelle des Lebens, entfernt und ist der Erste all derer geworden, »die durch die Furcht vor dem Tod ihr Leben lang der Knechtschaft verfallen waren« (*Hebr* 2,15). Gott aber blieb unbesiegbar. Das »Nein« des Menschen war statt dessen der entscheidende Anstoß für die Offenbarung Seiner Liebe in all ihrer erlösenden Kraft.

Im Geheimnis des Kreuzes offenbart sich in aller Fülle die uneingeschränkte Macht, mit der sich der himmlische Vater erbarmt. Um die Liebe seines Geschöpfes wiederzugewinnen, hat Er einen sehr hohen Preis aufgebracht: das Blut seines eingeborenen Sohnes. Der Tod, für den ersten Adam Zeichen der äußersten Einsamkeit und Ohnmacht, wurde gewandelt in den höchsten Akt der Liebe und der Freiheit des neuen Adam. So kann man gut mit Maximus dem Bekenner sagen, daß Christus »sozusagen göttlich gestorben ist, weil er freiwillig gestorben ist« (*Ambigua*, 91,1056). Im Kreuz enthüllt sich Gottes Eros zu uns. Eros ist in der Tat nach einem Ausdruck des Pseudo-Dionysius jene Kraft, »die es dem Liebenden nicht erlaubt, in sich selbst zu verweilen, sondern ihn drängt, sich mit dem Geliebten zu vereinigen« (*De divinis nominibus,* IV,13; PG 3,712). Gibt es einen »verrückteren Eros« (N. Cabasilas, *Vita in Christo,* 648) als den des Gottessohnes? Er wollte mit uns bis zu dem Punkte eins werden, der ihm die Folgen unserer Verbrechen an Sich Selbst zu erleiden gestattet.

[...] Schauen wir auf den am Kreuz durchbohrten Christus! Er ist die erschütterndste Offenbarung der Liebe Gottes, einer Liebe, in der Eros und Agape jenseits von allem Gegensatz sich gegenseitig erhellen. Am Kreuz bettelt Gott selbst um die Liebe seines Geschöpfes: Ihn dürstet nach der Liebe eines jeden von uns. Der Apostel Thomas hat in Jesus den »Herrn und Gott« erkannt, als er die Hand in die Seitenwunde legte. Es überrascht nicht, daß viele Heilige im Herzen Jesu den bewegendsten Ausdruck des Geheimnisses dieser Liebe sehen. Man könnte geradezu sagen, daß die Offenbarung des Eros Gottes gegenüber dem Menschen in Wirklichkeit der höchste Ausdruck seiner *Agape* ist. Fürwahr nur die Liebe, in der sich die kostenlose Selbsthingabe und der leidenschaftliche Wunsch nach Gegenseitigkeit vereinen, gewährt eine Trunkenheit, welche die schwersten Opfer leicht macht. Jesus hat gesagt:

»Wenn ich über die Erde erhöht bin, werde ich alle zu mir ziehen« (*Joh* 12,32). Sehnsüchtig erwartet der Herr von uns vor allem die Antwort, daß wir seine Liebe annehmen und uns von Ihm an sich ziehen lassen. Wobei es nicht genügt, seine Liebe lediglich anzunehmen. Solche Liebe und solcher Einsatz wollen ihre Entsprechung in der Weitergabe an die anderen: Christus »zieht mich zu sich«, um sich mit mir zu vereinigen, damit ich lerne, die Brüder und Schwestern mit seiner Liebe zu lieben.

»Sie werden auf den schauen, den sie durchbohrt haben.« Schauen wir mit Vertrauen auf die durchbohrte Seite Jesu, aus der »Blut und Wasser« (*Joh* 19,34) flossen. Die Kirchenväter haben diese Elemente als Symbole für Taufe und Eucharistie gesehen. Durch das Wasser der Taufe erschließt sich uns in der Kraft des Heiligen Geistes die Intimität der trinitarischen Liebe. Die Fastenzeit drängt uns, daß wir in der Gnade der Taufe aus uns selbst ausziehen und uns der barmherzigen Umarmung des Vaters öffnen (vgl. hl. Johannes Chrysostomus, *Katechesen*, 3,14 ff.). Das Blut, Symbol der Liebe des Guten Hirten, strömt durch das Geheimnis der Eucharistie in uns ein: »Die Eucharistie zieht uns in den Hingabeakt Jesu hinein ... wir werden in die Dynamik

seiner Hingabe hineingenommen« (*Deus caritas est*, 13). Leben wir also die Fastenzeit als eine »eucharistische« Zeit, in der wir die Liebe Jesu empfangen und sie um uns in Wort und Tat verbreiten. Die Betrachtung dessen, »den sie durchbohrt haben«, drängt uns somit, den anderen das Herz zu öffnen und die Wunden zu erkennen, die der Würde des Menschseins geschlagen werden. Es drängt insbesondere, jede Form der Verachtung des Lebens und der Ausbeutung der menschlichen Person zu bekämpfen und die dramatische Vereinsamung und Verlassenheit vieler Menschen zu lindern. So werde die Fastenzeit für jeden Christen zur erneuten Erfahrung der Liebe Gottes, die uns in Jesus Christus geschenkt worden ist – eine Liebe, die wir unsererseits dem Nächsten weiterschenken müssen, vor allem denen, die leiden und in Not sind. Nur so können wir in reichem Maße der Freude von Ostern teilhaft werden. Maria, die Mutter der Schönen Liebe, leite uns auf diesem Wege der österlichen Bußzeit, einem Weg echter Umkehr zur Liebe Christi.

»... hatte er Mitleid mit ihnen«

*Engagement für den ganzen Menschen**

Die Österliche Bußzeit ist besonders geeignet, sich innerlich zu dem aufzumachen, der die Quelle des Erbarmens ist. Es ist ein Pilgern, bei dem Er selbst uns durch die Wüste unserer Armut begleitet, und uns Kraft gibt auf dem Weg zur tiefen Osterfreude. Gott behütet und stärkt uns auch in der »finsteren Schlucht«, von welcher der Psalmist (*Ps* 23,4) spricht, während der Versucher uns einflüstert, zu verzagen oder irrig auf das Werk unserer Hände zu hoffen. Ja, auch heute hört der Herr den Schrei der vielen, die nach Freude, nach Frieden, nach Liebe hungern. Sie fühlen sich verlassen wie eh und je. Aber Gott erlaubt nicht, daß die Finsternis des Schreckens grenzenlos herrsche inmitten des jammervollen Elends, der Verlassenheit, der Gewalt und des Hungers, von denen unterschiedslos alte Menschen, Erwachsene und Kinder betroffen sind. Wie mein geliebter Vor-

---

* Aus der Botschaft für die Fastenzeit 2006

gänger Johannes Paul II. geschrieben hat, gibt es in der Tat eine »von Gott gesetzte Grenze für das Böse«, nämlich seine Barmherzigkeit (in: *Erinnerung und Identität*, 28 ff.; 74 ff.). All das hat mich veranlaßt, das Wort des Evangeliums »Als Jesus die vielen Menschen sah, hatte er Mitleid mit ihnen« (*Mt* 9,36) an den Anfang dieser Botschaft zu stellen. In seinem Lichte möchte ich bei einer viel diskutierten Frage unserer Zeit innehalten, bei der Frage der Entwicklung.

Auch heute ist Jesus bewegt und schaut auf die Menschen und Völker. Er schaut sie an im Bewußtsein, daß der göttliche »Plan« sie zum Heile ruft. Jesus kennt die Hindernisse, die diesem Plan entgegenstehen, und hat mit den vielen Mitleid: Er ist entschlossen, sie vor den Wölfen zu verteidigen selbst um den Preis seines Lebens. Mit solchem »Blick« umfaßt Jesus die Einzelnen wie die vielen und vertraut alle dem Vater an, indem er sich selbst als Sühneopfer hingibt.

Von dieser österlichen Wahrheit erleuchtet, weiß die Kirche, daß für die Förderung einer vollen Entwicklung unser »Blick« an dem Jesu Maß nehmen muß. Die Antwort auf die materiellen und sozialen Bedürfnisse der Menschen kann nämlich keineswegs von der Erfüllung der tiefen Sehnsucht ihrer Herzen getrennt werden. Dies ist in unserer Zeit großer Veränderungen um so mehr herauszustellen, je stärker wir unsere lebendige und unerläßliche Verantwortung für die Armen der Welt spüren. Bereits mein verehrter Vorgänger Paul VI. bezeichnete die Unterentwicklung mit ihren schlimmen Folgen als einen Entzug von Menschlichkeit. In diesem Sinne beklagte er in der Enzyklika *Populorum Progressio* »die materiellen Nöte derer, denen das Existenzminimum fehlt; (…) die sittliche Not derer, die vom Egoismus zerfressen sind. (…) die Züge der Gewalt, die im Mißbrauch des Besitzes oder der Macht ihren Grund haben, in der Ausbeutung der Arbeiter, in ungerechtem Geschäftsgebaren« (Nr. 21). Als Gegenmittel dieser Übel empfahl Paul VI. nicht nur »das deutlichere Wissen um die Würde des Menschen, das Ausrichten auf den Geist der Armut, die Zusammenarbeit zum Wohle aller, der Wille zum Frieden«, sondern auch »die Anerkennung letzter Werte von seiten des Menschen und die Anerkennung Gottes, ihrer Quelle und ihres Zieles« *(ebd.)*. In diesem Sinne zögerte der Papst nicht zu versichern, daß »endlich vor allem der Glaube« zählt. »Gottes Gabe, angenommen durch des Menschen guten Willen, und die Einheit in der Liebe Christi« *(ebd.)*. Der »Blick« Jesu gebietet uns also die echten Gehalte jenes »Humanismus im Vollsinn des Wortes« hervorzuheben, der – wieder nach den Worten Pauls VI. – in der »umfassende Entwicklung des ganzen Menschen und der ganzen Menschheit« besteht (*ebd.* Nr. 42). Darum ist der erste Beitrag der Kirche zur Entwicklung des Menschen und der Völker nicht die Bereitstellung materieller Mittel oder technischer Lösungen, sondern die Verkündigung der Wahrheit Christi, welche die Gewissen erzieht und die authentische Würde der menschlichen Person wie der Arbeit lehrt, und zudem eine Kultur fördert, die auf alle echten Fragen der Menschen antwortet.

Angesichts der schrecklichen Herausforderungen der Armut vieler Menschen stehen die Gleichgültigkeit und die Verschlossenheit im eigenen Egoismus in unerträglichem Gegensatz zum »Blick« Christi. Fasten und Almosen, welche die Kirche zusammen mit dem Gebet in besonderer Weise in der Fastenzeit empfiehlt, sind eine günstige Gelegenheit, eins zu werden mit dem »Blick« Christi. Die Beispiele der Heiligen und die vielen Erfahrungen der Mission, welche die Geschichte der Kirche kennzeichnen, sind kostbare Verweise darauf, wie Entwicklung zu fördern ist. Auch in der heutigen Zeit globaler gegenseitiger Abhängigkeit kann man feststellen, daß die Hingabe seiner selbst an den anderen, in der sich die Liebe ausdrückt, durch kein ökonomisches, soziales oder politisches Projekt ersetzt werden kann. Wer nach dieser Logik des Evangeliums tätig ist, lebt den Glauben als Freundschaft mit dem menschgewordenen Gott und nimmt sich – wie ER – der materiellen und geistlichen Nöte des Nächsten an. Er erschaut ihn als unmeßbares Geheimnis, das unbegrenzter Sorge und Aufmerksamkeit würdig ist. Er weiß, wer nicht Gott gibt, gibt zuwenig – wie die selige Teresa von Kalkutta sagte: »Die erste Armut der Völker ist es, daß sie Christus nicht kennen«. Darum gilt es, Gott im barmherzigen Antlitz Christi zu finden; ohne diese Perspektive baut eine Völkergemeinschaft nicht auf festen Grund.

Durch dem Heiligen Geiste gehorsame Männer und Frauen sind in der Kirche viele Werke der Nächstenliebe entstanden. Sie haben die Entwicklung von Krankenhäusern, Universitäten, berufsbildenden Schulen oder Mikrounternehmen gefördert. Sie stifteten diese Werke, weil sie von der Botschaft des Evangeliums bewegt waren: Viel früher als andere Formen der Gesellschaft haben sie die echte Sorge um den Menschen unter Beweis gestellt. Diese Initiativen geben noch heute einen Weg an, der die Welt zu einer Globalisierung führen kann, die um das wahre Wohl des Menschen kreist und so zu authentischem Frieden führt. Zusammen mit Jesu Mitleid für die vielen sieht die Kirche es auch heute als ihre ureigene Aufgabe an, die Verantwortlichen in Politik, Wirtschaft und Finanzen zu bitten, eine Entwicklung zu fördern, die die Würde jedes Menschen beachtet. Eine wichtige Bewährung dieser Anstrengung zeigt sich in wirklicher Religionsfreiheit – nicht nur als Möglichkeit für die Verkündigung und Feier des Christusgeheimnisses, sondern auch als Freiraum an einer von der Nächstenliebe bestimmten Welt mitzubauen. Solchem Bemühen dient es auch, wenn die zentrale Rolle beachtet wird, die die echten religiösen Werte im Leben des Menschen haben, sobald es um die Antwort auf seine tiefsten Fragen geht und um die ethische Verantwortung auf persönlicher und sozialer Ebene. Anhand dieser Kriterien lernen die Christen auch, mit Weisheit Regierungsprogramme zu beurteilen.

Wir können unsere Augen nicht verschließen vor den Irrtümern, die im Laufe der Geschichte von vielen begangen worden sind, die sich Jünger Jesu nannten. Von schweren Problemen bedrängt haben sie nicht selten gedacht, man müsse zuerst die Erde verbessern und dann an den Himmel denken. Es gab die Versuchung, angesichts drükkender Zwänge zu meinen, man müsse zuerst die äußeren Strukturen verändern. Für manche wandelte sich so das Christentum in Moralismus, und der Glauben wurde durch das Tun ersetzt. Zurecht bemerkte mein Vorgänger ehrwürdigen Gedenkens, Johannes Paul II.: »Die Versuchung heute besteht darin, das Christentum auf eine rein menschliche Weisheit zu reduzieren, gleichsam als Lehre des guten Lebens. In einer stark säkularisierten Welt ist ›nach und nach eine Säkularisierung des Heiles‹ eingetreten, für die man gewiß zugunsten des Menschen kämpft, aber eines Menschen, der halbiert und allein auf die horizontale Dimension beschränkt ist. Wir unsererseits wissen, daß Jesus gekommen ist, um das umfassende Heil zu bringen« (Enzyklika *Redemptoris missio*, 11).

Gerade zu diesem ganzheitlichen Heil möchte uns die Fastenzeit führen angesichts des Sieges Christi über alles Böse, das den Menschen unterdrückt. In der Hinwendung zum göttlichen Lehrer, in der Bekehrung zu Ihm, in der Erfahrung seiner Barmherzigkeit durch das Sakrament der Versöhnung werden wir eines »Blickes« inne, der uns in der Tiefe anschaut und prüft; er kann der großen Zahl und jedem Einzelnen von uns wieder aufhelfen. Er läßt allen, die sich nicht in Skepsis verschließen, neu Vertrauen und einen Schimmer der ewigen Seligkeit aufleuchten. Selbst wenn der Haß zu herrschen scheint, so läßt es der Herr doch bereits in unserem Äon nicht an hellen Zeugnissen seiner Liebe fehlen. Maria, »der lebendigen Quelle der Hoffnung« (Dante Alighieri, *Paradiso*, XXXIII,12), vertraue ich unseren Weg durch die Fastenzeit an, auf daß sie uns zu ihrem Sohn führe. Ihr vertraue ich besonders die vielen an, die noch heute Armut erleiden und nach Hilfe, Halt und Verständnis rufen.

ASCHERMITTWOCH

»Umkehr heißt,
gegen den Strom zu schwimmen«

Vom kostbaren Staub des Menschen*

Am [...] Aschermittwoch beginnen wir den Weg der Fastenzeit: einen Weg, der sich über vierzig Tage erstreckt und uns zur Freude des Pascha des Herrn führt. Auf diesem geistlichen Weg sind wir aber nicht allein, weil uns die Kirche begleitet und uns von Anfang an mit dem Wort Gottes, das ein Programm des geistlichen Lebens und des Bemühens um Buße einschließt, und mit der Gnade der Sakramente beisteht.

Die Worte des Apostels Paulus geben uns eine klare Anweisung: »Als Mitarbeiter Gottes ermahnen wir euch, daß ihr seine Gnade nicht vergebens empfangt (…) Jetzt ist sie da, die Zeit der Gnade; jetzt ist er da, der Tag der Rettung!« (*2 Kor* 6,1–2). In Wahrheit muß in der christlichen Lebensauffassung jeder Augenblick als begnadet gelten und jeder Tag ein Tag des Heils

---

* Aus der Generalaudienz am Aschermittwoch 2010

genannt werden; aber die Liturgie der Kirche bezieht diese Worte in ganz besonderer Weise auf die Fastenzeit. Und daß die vierzig Tage in Vorbereitung auf Ostern eine Zeit der Gnade sind, können wir gerade in dem Aufruf verstehen, den der strenge Ritus der Aschenauflegung an uns richtet und der in der Liturgie mit zwei Formeln ausgedrückt wird: »*Bekehrt euch und glaubt an das Evangelium!*«, »*Bedenke, Mensch, daß du Staub bist und wieder zum Staub zurückkehren wirst*«.

Der erste Aufruf gilt der Umkehr, ein Wort, das in seiner außerordentlichen Ernsthaftigkeit wahrgenommen werden muß, wenn man die überraschende Neuheit begreift, die es freisetzt. Der Aufruf zur Umkehr deckt nämlich anklagend die leichtfertige Oberflächlichkeit auf, die unser Leben sehr oft kennzeichnet. Umkehren bedeutet, die Richtung auf dem Lebensweg zu ändern: freilich nicht durch eine kleine Korrektur, sondern durch eine echte Richtungsänderung. Umkehr heißt, gegen den Strom zu schwimmen, wobei der »Strom« der oberflächliche, inkonsequente und trügerische Lebensstil ist, der uns oft mit sich reißt, uns beherrscht und zu Knechten des Bösen oder jedenfalls zu Gefangenen moralischer Mittelmäßigkeit macht. Mit der Umkehr hingegen strebt man nach dem hohen Maßstab des christlichen Lebens, vertraut sich dem lebendigen und persönlichen Evangelium an, das Christus Jesus ist. Seine Person ist das Endziel und der tiefe Sinn der Umkehr; er ist der Weg, auf dem zu gehen alle im Leben berufen sind, indem sie sich von seinem Licht erleuchten und von seiner Kraft, die unsere Schritte lenkt, stützen lassen. Auf diese Weise zeigt die Umkehr ihr wunderbares und faszinierendes Gesicht: Sie ist keine bloße moralische Entscheidung, die unsere Lebensführung berichtigt, sondern eine Glaubensentscheidung, die uns vollständig in die tiefe Gemeinschaft mit der lebendigen und konkreten Person Jesu Christi einbezieht. Sich zu bekehren und an das Evangelium zu glauben sind nicht zwei verschiedene oder lediglich nebeneinandergestellte Dinge, sondern Ausdruck ein und derselben Wirklichkeit. Die Umkehr ist das totale »Ja« dessen, der sein Dasein dem Evangelium übereignet und so frei Christus antwortet, der sich zuerst dem Menschen als der Weg, die Wahrheit und das Leben anbietet, als derjenige, der allein ihn befreit und ihn rettet. Genau das ist der Sinn der ersten Worte, mit denen Jesus nach dem Evangelisten Markus die Verkündigung des »Evangeliums Gottes« aufnimmt: »Die Zeit ist erfüllt, das Reich Gottes ist nahe. Kehrt um und glaubt an das Evangelium« (*Mk* 1,15).

Das Wort »*Kehrt um und glaubt an das Evangelium*« steht nicht nur am Beginn des christlichen Lebens, sondern begleitet alle seine Schritte, erneuert sich ständig und verbreitet sich durch Verzweigungen in allen seinen Äußerungen. Jeder Tag ist eine Zeit der Gnade, weil uns jeder Tag dazu auffordert, uns Jesus zu überlassen, Vertrauen in ihn zu haben, in ihm zu bleiben, seinen Lebensstil zu teilen, von ihm die wahre Liebe zu lernen, ihm in der täglichen Erfüllung des Willens des Vaters, des einzigen großen Lebensgesetzes, zu folgen. Jeder Tag, auch dann, wenn es an Schwierigkeiten und Mühen, Ermüdungen und Niederlagen nicht fehlt, auch wenn wir versucht sind, den Weg der Nachfolge Christi zu verlassen und uns in uns selbst, in unseren Egoismus zu verschließen, ohne uns Rechenschaft über die Notwendigkeit zu geben, uns der Liebe Gottes in Christus zu öffnen, um dessen Logik der Gerechtigkeit und Liebe zu leben. In der jüngsten *Botschaft zur Fastenzeit* habe ich daran erinnert, daß es »Demut braucht, um anzunehmen, daß ich jemand anderen nötig habe, der mich aus dem ›Meinen‹ befreit, der mir freigiebig das ›Seine‹ schenkt. Das geschieht in besonderer Weise in den Sakramenten der Buße und der Eucharistie. Dank der Erlösungstat Christi wird uns die ungleich größere Gerechtigkeit zuteil, jene, die aus der Liebe erwächst (vgl. *Röm* 13,8–10), in der man sich stets mehr als Empfänger denn als Gebender fühlt, weil man mehr empfangen hat, als man eigentlich erwarten kann« (O.R. dt., 12.2.2010, S. 7).

Die gnadenreiche Zeit der Fastenzeit zeigt uns die eigentliche geistliche Bedeutung auch durch die alte Formel: »*Bedenke, Mensch, daß du Staub bist und wieder zum Staub zurückkehren wirst*«, die der Priester spricht, wenn er ein wenig Asche auf unser Haupt legt. Auf diese Weise werden wir zu den Anfängen der Menschheitsgeschichte zurückgeführt, als der Herr nach dem Sündenfall zu Adam sprach: »Im Schweiße deines Angesichts sollst du dein Brot essen, bis du zurückkehrst zum Ackerboden, von ihm bist du ja genommen. Denn Staub bist du, zum Staub mußt du zurück« (*Gen* 3,19). Hier erinnert uns das Wort Gottes an unsere Gebrechlichkeit, ja an unseren Tod als deren äußerste Form. Angesichts der angeborenen Angst vor dem Ende und noch mehr im Bereich einer Kultur, die auf so viele Weisen die Wirklichkeit und die menschliche Erfahrung des Sterbens zu zensurieren versucht, erinnert uns die Liturgie der Fastenzeit einerseits an den Tod und lädt uns zum Realismus und zur Weisheit ein; andererseits aber drängt sie uns vor allem dazu, die unerwartete Neuheit anzunehmen und zu leben, die der christliche Glaube in der Wirklichkeit des Todes selbst ausströmt.

Der Mensch ist Staub und wird zum Staub zurückkehren; aber er ist in den Augen Gottes kostbarer Staub, weil Gott den Menschen geschaffen und ihn zur Unsterblichkeit bestimmt hat. So findet die liturgische Formel »Bedenke, Mensch, daß du Staub bist und wieder zum Staub zurückkehren wirst«, ihre volle Bedeutung in bezug auf den neuen Adam: Christus. Auch Jesus, der Herr, hat aus freiem Willen mit jedem Menschen das Los der Gebrechlichkeit teilen wollen, besonders durch seinen Tod am Kreuz; aber gerade dieser von seiner Liebe zum Vater und zur Menschheit erfüllte Tod war der Weg zur glorreichen Auferstehung. Durch sie ist Christus Quell einer Gnade geworden, die allen geschenkt ist, die an ihn glauben und am göttlichen Leben selbst Anteil erhalten. Dieses Leben, das kein Ende haben wird, ist bereits in der irdischen Phase unseres Daseins wirklich, wird aber erst nach der »Auferstehung des Fleisches« vollendet werden. Die kleine Geste der Aschenauflegung enthüllt uns den einzigartigen Reichtum ihrer Bedeutung: Sie ist eine Einladung, die Fastenzeit als ein bewußteres und innigeres Eintauchen in das Ostergeheimnis Christi, in seinen Tod und seine Auferstehung zu begehen, durch die Teilnahme an der Eucharistie und am Leben der Nächstenliebe, das aus der Eucharistie entsteht und in der es seine Erfüllung findet. Mit der Aschenauflegung erneuern wir unseren Einsatz, Jesus nachzufolgen, uns von seinem Ostergeheimnis verwandeln zu lassen, um das Böse zu besiegen und das Gute zu tun, um unseren »alten Menschen«, der an die Sünde gebunden ist, sterben zu lassen und unseren »neuen Menschen«, der durch die Gnade Gottes verwandelt ist, geboren werden zu lassen. [...] Während wir uns anschicken, den strengen Weg der Fastenzeit einzuschlagen, wollen wir mit besonderem Vertrauen den Schutz und die Hilfe der Jungfrau Maria erbitten. Sie, die erste, die an Christus geglaubt hat, möge uns in diesen vierzig Tagen intensiven Gebets und aufrichtiger Buße begleiten, damit wir schließlich, geläutert und geistig wie seelisch vollkommen erneuert, das große Geheimnis des Paschas ihres Sohnes feiern können.

Vom Auflegen der Asche

*Aufforderung zum Kampf
mit dem Bösen**

Die Bußprozession, mit der wir den Gottesdienst [...] begonnen haben, hat uns geholfen, in die charakteristische Atmosphäre der Fastenzeit einzutreten, die ein persönlicher und ein gemeinschaftlicher Weg der inneren Umkehr und geistlichen Erneuerung ist. Entsprechend dem alten römischen Brauch der *stationes* versammeln sich in der Fastenzeit die Gläubigen mit den Pilgern jeden Tag zur *statio*, zum Halt an einer der vielen Gedenkstätten der Märtyrer, die das Fundament der Kirche von Rom bilden. In den Basiliken, wo ihre Reliquien ausgestellt werden, wird die heilige Messe gefeiert. Vorausgeht eine Prozession, während der die Allerheiligenlitanei gesungen wird. So gedenkt man derer, die mit ihrem Blut für Christus Zeugnis abgelegt haben, und ihr Gedächtnis wird für jeden Christen zum Anstoß,

---

* Aus der Predigt am Aschermittwoch 2006

39

die eigene Treue zum Evangelium zu erneuern. Diese Riten bewahren seit Jahrhunderten ihre Bedeutung, denn sie erinnern daran, daß es auch in unserer Zeit sehr wichtig ist, die Worte Jesu ohne Kompromisse zu beherzigen: »Wer mein Jünger sein will, der verleugne sich selbst, nehme täglich sein Kreuz auf sich und folge mir nach« (*Lk 9,23*).

Ein weiterer symbolischer Ritus, der ausschließlich am ersten Tag der Fastenzeit stattfindet, ist das *Auflegen der Asche*. Was ist seine eigentliche Bedeutung? Sicher handelt es sich nicht um reinen Ritualismus, sondern um etwas sehr Tiefes, das unser Herz berührt. Es macht uns die Aktualität der Mahnung des Propheten Joel verständlich, die in der ersten Lesung erklungen ist; eine Mahnung, die auch für uns ihre heilsame Gültigkeit behält: Den äußeren Gesten muß immer die Aufrichtigkeit des Herzens und die Folgerichtigkeit der Werke entsprechen. Was nützt es denn – fragt sich der inspirierte Autor –, die Kleider zu zerreißen, wenn das Herz fern vom Herrn ist, das heißt vom Guten und von der Gerechtigkeit? Das ist es, was wirklich zählt: die Umkehr zu Gott mit wahrhaft reumütigem Herzen, um sein Erbarmen zu finden (vgl. *Joel 2,12–18*). Ein neues Herz und einen neuen Geist: Das erbitten wir in dem Bußpsalm schlechthin, dem

Miserere, den wir heute mit dem Kehrvers »Gott, sei mir gnädig nach deiner Huld« singen. Der wahre Glaubende weiß, daß er ein Sünder ist, und ersehnt aufrichtig – mit Geist, Seele und Leib – die göttliche Vergebung als eine Neuschöpfung, die ihm Freude und Hoffnung wiedergeben kann (vgl. *Ps* 51,3.5.12.14).

Ein weiterer Aspekt der Spiritualität der Fastenzeit ist der – wir könnten sagen – »kämpferische«. Er tritt im Tagesgebet, der »Kollekte«, hervor, wo von »Waffen« der Buße und vom »Kampf« mit dem Bösen die Rede ist. Jeden Tag, besonders aber in der Fastenzeit, muß der Christ einen Kampf bestehen, der dem gleicht, den Christus in der Wüste von Judäa durchgestanden hat, wo er vierzig Tage lang vom Teufel versucht wurde, und in Gethsemani, als er die schwerste Versuchung zurückwies und den Willen des Vaters bis zum Letzten annahm. Es geht um einen geistlichen Kampf, der gegen die Sünde und letztlich gegen den Satan gerichtet ist. Es ist ein Kampf, der die ganze Person einbezieht und ständig aufmerksame Wachsamkeit erfordert. Der hl. Augustinus bemerkt, daß derjenige, der in der Liebe Gottes und in seiner Barmherzigkeit wandeln will, sich nicht mit der Befreiung von schweren Sünden und Todsünden begnügen darf, sondern »die Wahrheit tut, indem er auch die Sünden erkennt, die als weniger schwer betrachtet werden (...) und er kommt ans Licht, indem er gute Werke vollbringt. Auch die weniger schweren Sünden verbreiten sich und führen zum Tod, wenn sie vernachlässigt werden« (vgl. *In Io. evang.* 12.13,35).

Die Fastenzeit erinnert uns also daran, daß das Leben des Christen ein ununterbrochener Kampf ist, in dem die »Waffen« des Gebets, des Fastens und der Buße eingesetzt werden. Das Böse, jede Form von Egoismus und Haß bekämpfen und sich selbst entsagen, um in Gott zu leben, das ist der aszetische Weg, den jeder Jünger Jesu zu gehen berufen ist – mit Demut und Geduld, mit Großmut und Beharrlichkeit. Die gehorsame Nachfolge des göttlichen Meisters macht die Christen zu Zeugen und Aposteln des Friedens. Wir könnten sagen, daß diese innere Haltung uns hilft, auch besser deutlich zu machen, was die christliche Antwort auf die Gewalt sein muß, die den Frieden in der Welt bedroht. Sicher nicht Rache, Haß, ebensowenig Flucht in einen falschen Spiritualismus. Die Antwort dessen, der Christus nachfolgt, ist vielmehr, den Weg zu gehen, den er gewählt hat, als er angesichts der Übel seiner Zeit und aller Zeiten entschlossen das Kreuz auf sich nahm und den längsten, aber wirksamsten Weg der Liebe ging. Auf seinen Spuren und mit ihm vereint müssen wir alle uns bemühen, dem Bösen mit dem Guten, der Lüge mit der Wahrheit, dem Haß mit der Liebe zu begegnen. In der Enzyklika *Deus caritas est* wollte ich diese Liebe als das Geheimnis unserer persönlichen und kirchlichen Umkehr vorstellen. Mit dem Hinweis auf die Worte des Paulus an die Korinther »Die Liebe Christi drängt uns« (*2 Kor* 5,14) betonte ich: »Die Erkenntnis, daß in ihm Gott selbst sich für uns verschenkt hat bis in den Tod hinein, muß uns dazu bringen, nicht mehr für uns selber zu leben, sondern für ihn und mit ihm für die anderen« (Nr. 33).

Die Liebe, wie Jesus [...] im Evangelium sagt, muß sich in konkrete Gesten gegenüber den Nächsten umsetzen, besonders gegenüber den Armen und Notleidenden, wobei der Wert der »guten Werke« immer der Aufrichtigkeit der Beziehung zum »himmlischen Vater« unterzuordnen ist, der »das Verborgene sieht« und denen das Gute »vergelten wird«, die es in demütiger und selbstloser Weise tun (vgl. *Mt* 6,1.4.6.18). Die Konkretheit der Liebe ist eines der wesentlichen Elemente für das Leben der Christen, die von Jesus ermutigt werden, »das Licht der Welt«

zu sein, damit die Menschen ihre »guten Werke« sehen und Gott preisen (vgl. *Mt* 5,16). Dieser Ratschlag ist für uns zu Beginn der Fastenzeit sehr angemessen, damit wir immer mehr verstehen, daß »der Liebesdienst für die Kirche nicht eine Art Wohlfahrtsaktivität ist, (...) sondern daß er zu ihrem Wesen gehört, unverzichtbarer Wesensausdruck ihrer selbst ist« (*Deus caritas est*, 25,a). Die wahre Liebe drückt sich in Gesten aus, die keinen ausschließen nach dem Vorbild des barmherzigen Samariters, der mit großer Offenheit des Geistes einem Unbekannten in Not geholfen hat, dem er »zufällig« auf der Straße begegnet ist (vgl. *Lk* 10,31).

[...] wir treten mit diesen Empfindungen in die für diesen liturgischen Zeitabschnitt charakteristische Atmosphäre ein und lassen uns vom Wort Gottes erleuchten und leiten. In der Fastenzeit werden wir oft die Einladung hören, umzukehren und an das Evangelium zu glauben, und wir werden beständig angeregt, unser Herz zu öffnen für die Macht der göttlichen Gnade. Beherzigen wir die Weisungen, die uns die Kirche in diesen Wochen reichlich anbieten wird. Beseelt von einem starken Einsatz im Gebet, entschlossen zu einer größeren Anstrengung in der Buße, im Fasten und in der Aufmerksamkeit der Liebe zu den Brüdern, gehen wir auf Ostern zu, begleitet von der Jungfrau Maria, der Mutter der Kirche und dem Vorbild jedes wahren Jüngers Christi.

»Das Gebet ist ein Schmelztiegel«

*Sein Kreuz und Leid
mit Christus tragen**

Während der Advent vor allem die Zeit ist, die uns einlädt, auf den »Gott, der kommt«, zu hoffen, erneuert die Fastenzeit in uns die Hoffnung auf »ihn, der uns vom Tod zum Leben erweckt hat«. Beide sind Zeiten der Läuterung – darauf weist auch die liturgische Farbe hin, die sie gemeinsam haben –, aber die Fastenzeit, die ganz auf das Geheimnis der Erlösung ausgerichtet ist, wird in besonderer Weise als »Weg der Umkehr« (vgl. *Tagesgebet)* bezeichnet. Zu Beginn dieses Bußweges möchte ich kurz über das Gebet und über das Leiden als bezeichnende Aspekte der liturgischen Fastenzeit sprechen, während ich dem Almosengeben schon die *Botschaft zur Fastenzeit* gewidmet habe, die in der vergangenen Woche veröffentlich wurde. In der Enzyklika *Spe salvi* habe ich das Gebet und das

---

* Aus der Predigt am Aschermittwoch 2008

46

Leiden gemeinsam mit dem Tun und dem Gericht als »Lern- und Übungsorte der Hoffnung« bezeichnet. Wir könnten also sagen, daß die Fastenzeit, gerade weil sie zu Gebet, Buße und Fasten einlädt, eine gute Gelegenheit ist, um unsere Hoffnung zu beleben und zu stärken.

Das Gebet nährt die Hoffnung, denn nichts kann die Wirklichkeit Gottes in unserem Leben besser ausdrücken als das gläubige Gebet. Auch in der Einsamkeit der härtesten Prüfung kann nichts und niemand mich daran hindern, daß ich mich an den Vater wende »im Verborgenen« meines Herzens, das nur er »sieht«, wie Jesus im Evangelium sagt (vgl. *Mt* 6,4.6.18). Zwei Momente im irdischen Leben Jesu kommen uns in den Sinn, die jeweils am Anfang und fast am Ende seines öffentlichen Lebens stehen: die vierzig Tage in der Wüste, die durch die Fastenzeit nachgeahmt werden, und die Todesangst in Gethsemani – beide sind im wesentlichen Momente des Gebets. In der Wüste das Beten mit dem Vater »unter vier Augen«, am Ölberg das Beten in »Todesangst«. Aber indem er in beiden Situationen betet, entlarvt Jesus die Lügen des Versuchers und besiegt ihn. Das Gebet erweist sich also als erste und hauptsächliche »Waffe«, »damit wir dem Bösen absagen« (*Tagesgebet*).

Das Beten Christi erreicht seinen Höhepunkt am Kreuz, als er die letzten Worte spricht, die die Evangelisten aufgezeichnet haben. Dort, wo er verzweifelt ruft: »Mein Gott, mein Gott, warum hast du mich verlassen?« (*Mt* 27,46; *Mk* 15,34; vgl. *Ps* 22,1), macht sich Jesus in Wirklichkeit die Bitte dessen zu eigen, der von den Feinden umringt ist und niemanden außer Gott hat, an den er sich wenden kann, und der jenseits aller menschlichen Möglichkeiten die göttliche Gnade und Rettung erfährt. Mit diesen Worten des Psalms – zunächst den Worten eines leidenden Menschen, dann des Volkes Gottes, das unter der scheinbaren Abwesenheit Gottes leidet – machte sich Jesus diesen Ruf der Menschheit zu eigen, die unter der scheinbaren Abwesenheit Gottes leidet, und er bringt diesen Ruf vor das Herz Gottes. Indem er also in jener letzten Einsamkeit zusammen mit der ganzen Menschheit betet, öffnet er uns das Herz Gottes. Es gibt also keinen Widerspruch zwischen diesen Worten aus Psalm 21 und den vertrauensvollen Worten: »Vater, in deine Hände lege ich meinen Geist« (*Lk* 23,46; vgl. *Ps* 31,6). Denn auch sie sind einem Psalm, Psalm 31, entnommen, der dramatischen Bitte eines Menschen, der, von allen verlassen, sich Gott ganz anvertraut. Das hoffnungsvolle

Bittgebet ist deshalb das *Leitmotiv* der Fastenzeit und läßt uns Gott als den einzigen Rettungsanker erfahren. Auch das gemeinschaftliche Gebet des Volkes Gottes ist die Stimme eines Herzens und einer Seele, ist ein Gespräch »unter vier Augen« wie die rührende Bitte der Königin Esther, als ihr Volk vernichtet werden sollte: »Herr, unser König, du bist der einzige. Hilf mir! Denn ich bin allein und habe keinen Helfer außer dir; die Gefahr steht greifbar vor mir« (*Est* 4,17). Angesichts dieser greifbaren Gefahr bedarf es einer großen Hoffnung, und das kann nur die Hoffnung sein, die auf Gott allein zählt.

Das Gebet ist ein Schmelztiegel, in dem unsere Erwartungen und Bestrebungen dem Licht des Wortes Gottes ausgesetzt werden; sie werden in das Gespräch mit ihm hineingenommen, der die Wahrheit ist, und werden von heimlichen Lügen und Kompromissen, den verschiedenen Formen des Egoismus, gereinigt (vgl. *Spe salvi*, 33). Ohne die Dimension des Gebets verschließt sich das menschliche Ich letztlich in sich selbst, und das Gewissen, das Echo der Stimme Gottes sein sollte, läuft Gefahr, zum Spiegel des Ichs zu werden, so daß das innere Gespräch ein Monolog wird und tausend Selbstrechtfertigungen vorbringt. Das Gebet ist deshalb Garantie für die

Öffnung zu den anderen: Wer sich für Gott und seine Ansprüche frei macht, öffnet sich zugleich dem andern, dem Bruder, der an die Tür unseres Herzens klopft und um Gehör, Aufmerksamkeit, Vergebung bittet, manchmal auch um Zurechtweisung, aber immer in brüderlicher Nächstenliebe. Das wahre Gebet ist nie egozentrisch, sondern immer auf den andern ausgerichtet. Als solches treibt es den Beter zur »Ekstase« der Nächstenliebe, zur Fähigkeit, aus sich herauszugehen, um dem andern als Nächster demütig und selbstlos zu dienen. Das wahre Gebet ist der Motor, die Triebkraft der Welt, denn es hält sie für Gott offen. Deshalb gibt es ohne Gebet keine Hoffnung, sondern nur Illusion. Nicht Gottes Gegenwart, sondern seine Abwesenheit entfremdet den Menschen: Ohne den wahren Gott, den Vater des Herrn Jesus Christus, werden die Hoffnungen zu Illusionen, die dazu führen, der Wirklichkeit zu entfliehen. Mit Gott sprechen, in seiner Gegenwart bleiben, sich von seinem Wort erleuchten und reinigen lassen, das führt uns hingegen in die Mitte der Wirklichkeit, in den innersten »Motor« des kosmischen Werdens; es führt uns sozusagen in das pulsierende Herz des Universums.

In harmonischer Verbindung mit dem Gebet können auch das Fasten und das Almosengeben als Lern- und Übungsorte der christlichen Hoffnung betrachtet werden. Die Väter und alten Schriftsteller unterstreichen gerne, daß diese drei Dimensionen des evangeliumsgemäßen Lebens untrennbar voneinander sind, sich gegenseitig befruchten und um so mehr Frucht bringen, je mehr sie sich gegenseitig bekräftigen. Dank der vielfachen Wirkung von Gebet, Fasten und Almosengeben formt die Fastenzeit insgesamt die Christen zu Männern und Frauen der Hoffnung, nach dem Vorbild der Heiligen.

Jetzt möchte ich auch kurz über das Leiden sprechen, denn – so habe ich in der Enzyklika *Spe salvi* geschrieben – »das Maß der Humanität bestimmt sich ganz wesentlich im Verhältnis zum Leid und zum Leidenden. Das gilt für den Einzelnen wie für die Gesellschaft« (*Spe salvi*, 38). Ostern, zu dem die Fastenzeit hinführt, ist das Geheimnis, das dem menschlichen Leiden Sinn gibt, ausgehend von dem überfließenden Mit-Leiden Gottes, das in Jesus Christus Wirklichkeit geworden ist. Der Weg der Fastenzeit, der ganz vom Osterlicht erhellt ist, läßt uns das erleben, was im göttlichen und menschlichen Herzen Christi vorgegangen ist, während er zum letzten Mal nach Jerusalem hinaufging, um sich als Sühnopfer hinzugeben (vgl. *Jes* 53,10). Leiden und Sterben brachen wie eine Finsternis über ihn herein, je näher er dem Kreuz kam, aber die Flamme der Liebe wurde lebendig. In der Tat ist das Leiden Christi ganz vom Licht der Liebe überstrahlt (vgl. *Spe salvi*, 38): von der Liebe des Vaters, der dem Sohn erlaubt, mit Vertrauen seiner letzten »Taufe« entgegenzugehen, wie er selbst den Höhepunkt seiner Sendung nennt (vgl. *Lk* 12,50). Jesus hat diese Taufe des Leidens und der Liebe für uns, für die ganze Menschheitsfamilie empfangen. Er hat für die Wahrheit und die Gerechtigkeit gelitten, indem er das Evangelium des Leidens, das die andere Seite des Evangeliums der Liebe ist, in die Geschichte der Menschen hineingetragen hat. Gott kann nicht leiden, aber er kann und will mit-leiden. Aus dem Leiden Christi kann in jedes menschliche Leiden die *con-solatio* eintreten, »der Trost der mitleidenden Liebe Gottes und damit der Stern der Hoffnung« (*Spe salvi*, 39).

Die Geschichte der Kirche ist im Bezug auf das Gebet und auf das Leiden reich an Zeugen, die sich für die anderen vorbehaltlos und unter harten Prüfungen hingegeben haben. Je größer die Hoffnung, die uns beseelt, um so größer ist in uns auch die Fähigkeit, aus Liebe zur Wahrheit und zum Guten zu leiden, indem die kleinen und großen täglichen Mühen mit Freude dargebracht und in das große Mit-leiden Christi hineingelegt werden (vgl. *ebd.*, 40). Auf diesem Weg der evangeliumsgemäßen Vollkommenheit helfe uns Maria, deren unbeflecktes Herz zusammen mit dem des Sohnes vom Schwert des Schmerzes durchbohrt wurde. Gerade in diesen Tagen, in denen wir der Erscheinungen Unserer Lieben Frau in Lourdes vor 150 Jahren gedenken, werden wir angeleitet, über das Geheimnis des Mitleidens Marias mit den Leiden der Menschheit nachzudenken. Zugleich werden wir ermutigt, aus dem »Schatz des Mitleids« *(ebd.)* der Kirche, zu dem sie mehr als jedes andere Geschöpf beigetragen hat, Trost zu schöpfen. Deshalb beginnen wir die Fastenzeit in geistlicher Verbundenheit mit Maria, die ihrem Sohn nachfolgte und »den Pilgerweg des Glaubens « gegangen ist (vgl. *Lumen gentium*, 58) und die den Jüngern immer vorangeht auf dem Weg zum österlichen Licht.

MIT LEIB UND SEELE FASTEN

Jesus und die Sünderin

Konkrete Weisungen für unser Leben*

Sicher fehlt es [...] nicht an materiellen und moralischen Notsituationen, die von euch [...] ein ständiges Engagement verlangen, um davon Zeugnis zu geben, daß die Liebe Gottes, die im gekreuzigten und auferstandenen Christus voll offenbar geworden ist, ganz konkret alle umfängt, ohne Unterschied von Rasse und Kultur. Das ist im Grunde die Sendung jeder Pfarrgemeinde, die dazu gerufen ist, das Evangelium zu verkünden und ein Ort zu sein, wo man Menschen aufnimmt und ihnen zuhört, ihnen Weiterbildung und brüderliche Anteilnahme bietet, ein Ort des Dialogs und der Vergebung. Wie kann eine christliche Gemeinde diesen Auftrag getreu erfüllen? Wie kann sie immer mehr zu einer Familie von Brüdern und Schwestern werden, die von der Liebe beseelt sind? Das Wort Gottes, das wir vorhin gehört haben und das

---

* Aus der Predigt am 5. Fastensonntag 2007

56

während dieser Fastenzeit mit einzigartiger Beredtheit in unserem Herzen widerhallt, erinnert uns daran, daß unsere irdische Pilgerschaft voller Schwierigkeiten und Prüfungen ist, wie der Weg des auserwählten Volkes durch die Wüste, bevor es das verheißene Land erreicht hat. Aber das Eingreifen Gottes – so versichert Jesaja in der ersten Lesung – kann den Weg dadurch erleichtern, daß es die Steppe in eine erquickende und wasserreiche Landschaft verwandelt (vgl. *Jes* 43,19–20). Das Wort des Propheten greift der Antwortpsalm auf: Während er an die Freude über die Rückkehr aus der Babylonischen Gefangenschaft erinnert, fleht er zum Herrn, er möge eingreifen zugunsten der »Gefangenen«, die auf dem Hinweg weinen, aber bei der Rückkehr voller Jubel sind, weil Gott gegenwärtig ist und wie in der Vergangenheit auch in Zukunft »große Dinge für uns« vollbringen wird.

Eben dieses Bewußtsein, diese Hoffnung, daß nach schwierigen Zeiten der Herr immer seine Gegenwart und Liebe zeigt, muß jede christliche Gemeinde beseelen, die von ihrem Herrn mit reichen geistlichen Vorräten ausgestattet wird, um die Wüste dieser Welt zu durchqueren und sie in einen fruchtbaren Garten zu verwandeln. Diese Vorräte sind das gefügige Hören auf sein Wort, die Sakramente und jede andere spirituelle Quelle der Liturgie und des persönlichen Gebets. Der wahre Vorrat ist schließlich seine Liebe. Die Liebe, die Jesus dazu drängte, sich für uns zu opfern, verwandelt uns und macht uns unsererseits dazu fähig, ihm treu zu folgen. Vor dem Hintergrund dessen, was uns die Liturgie am vergangenen [4. Fasten-] Sonntag nahegelegt hat, hilft uns die heutige Lesung aus dem Evangelium [*Joh* 8,1–11] zu verstehen, daß allein die Liebe Gottes die Existenz des Menschen und folglich jeder Gesellschaft von innen her zu verändern vermag, weil nur seine unendliche Liebe den Menschen von der Sünde befreit, die die Wurzel allen Übels ist. Auch wenn es wahr ist, daß Gott Gerechtigkeit ist, darf nicht vergessen werden, daß er vor allem Liebe ist: Wenn er die Sünde haßt, so deshalb, weil er jeden Menschen unendlich liebt. Er liebt einen jeden von uns, und seine Treue ist so tief, daß sie sich auch von unserer Ablehnung nicht entmutigen läßt. Heute fordert uns Jesus besonders zur inneren Umkehr heraus: Er erklärt uns, warum er vergibt, und lehrt uns, die empfangene und den Brüdern gegebene Vergebung zum »täglichen Brot« unseres Daseins zu machen.

Der Abschnitt aus dem Evangelium erzählt die Episode von der Ehebrecherin in zwei eindrucksvollen Szenen: In der ersten Szene wohnen wir einer Auseinandersetzung zwischen Jesus und den Schriftgelehrten und Pharisäern bei, bei der es um eine Frau geht, die auf frischer Tat beim Ehebruch ertappt und entsprechend der im Buch *Levitikus* (vgl. 20,10) enthaltenen Vorschrift zum Tod durch Steinigung verurteilt worden ist. In der zweiten Szene entspinnt sich ein kurzes und ergreifendes Gespräch zwischen Jesus und der Sünderin. Die unbarmherzigen Ankläger der Frau, die auf das Gesetz des Mose hinweisen, provozieren Jesus – sie nennen ihn »Meister« *(Didáskale)* – mit der Frage, ob es gerechtfertigt sei, die Frau zu steinigen. Sie wissen um seine Barmherzigkeit und um seine Liebe zu den Sündern und sind neugierig, wie er sich in einem solchen Fall, der nach dem mosaischen Gesetz gar keinen Zweifel zuließ, herausreden würde. Doch Jesus stellt sich sofort auf die Seite der Frau; zuerst schreibt er auf die Erde geheimnisvolle Worte, die der Evangelist nicht mitteilt, die ihn aber beeindrucken, und dann spricht er jenen berühmt gewordenen Satz: »Wer von euch ohne Sünde ist (er gebraucht das Wort *anamártetos*, das im Neuen Testament nur hier gebraucht wird), werfe als erster einen Stein auf sie« (*Joh* 8,7) und beginne mit der Steinigung. Der hl. Augustinus schreibt in seinem Kommentar zum Johannesevangelium dazu, daß »der Herr in seiner Antwort das Gesetz respektiert und seine Milde (Güte) nicht aufgibt.« Und er fügt hinzu, daß Jesus mit seinen Worten die Ankläger dazu zwingt, in sich zu gehen und auch sich, wenn sie sich selbst sehen, als Sünder zu entdecken. So »gingen sie, von diesen Worten wie von einem Pfeil groß wie ein Balken getroffen, einer nach dem andern fort« (*In Io. Ev. tract.* 33,5).

Einer nach dem anderen, »zuerst die Ältesten bis zu den letzten«, gehen also die Ankläger, die Jesus hatten provozieren wollen, fort. Als alle weg sind, bleibt der göttliche Meister mit der Frau allein. Knapp und eindrucksvoll der Kommentar des hl. Augustinus: »*relicti sunt duo: misera et misericordia*« – nur zwei bleiben, die Armselige und die Barmherzigkeit (*ebd.*). Halten wir inne, [...] um uns in diese Szene zu vertiefen, wo die Armseligkeit des Menschen und die göttliche Barmherzigkeit einander gegenüberstehen: eine Frau, die einer großen Sünde beschuldigt worden war, und Er, der, obwohl er ohne Sünde war, die Sünden der ganzen Welt, unsere Sünden auf sich geladen hat. Er, der sich gebückt hatte, um in den Staub zu schreiben, hebt jetzt den Blick und begegnet dem Blick der Frau. Er fragt nicht nach Erklärungen. Es ist nicht ironisch gemeint, wenn er sie fragt: »Frau, wo sind sie geblieben? Hat dich keiner verurteilt?« (8,10). Und er ist erschütternd in seiner Antwort: »Auch ich verurteile dich nicht. Geh und sündige von jetzt an nicht mehr!« (8,11). Und wieder bemerkt der hl. Augustinus in seinem Kommentar: »Der Herr verurteilt die Sünde, nicht den Sünder. Hätte er nämlich die Sünde geduldet, hätte er gesagt: Auch ich verurteile dich nicht, geh, lebe, wie du willst (...), wie groß auch deine Sünden sein mögen, ich werde dich von jeder Strafe und von jedem Leid befreien. Aber so hat er nicht gesprochen« (*In Io. Ev. tract.* 33,6). Er sagte: »Geh und sündige nicht mehr«.

[...] aus dem Wort Gottes, das wir gehört haben [*Joh* 8,1–11], ergeben sich konkrete Weisungen für unser Leben. Jesus läßt sich mit seinen Gesprächspartnern nicht auf eine theoretische Diskussion über den Abschnitt aus dem mosaischen Gesetz ein: Es geht ihm nicht darum, ein akademisches Streitgespräch über eine Auslegung des mosaischen Gesetzes zu gewinnen, sondern sein Ziel ist es, eine Seele zu retten und offenbar zu machen, daß sich das Heil nur in der Liebe Gottes findet. Dazu ist er auf die Erde gekommen, dafür wird er am Kreuz sterben, und der Vater wird ihn am dritten Tag auferwecken. Jesus ist gekommen, um uns zu sagen, daß er uns alle im Paradies haben will und daß die Hölle, von der man in unserer Zeit wenig spricht, existiert und ewig ist für alle, die ihr Herz vor seiner Liebe verschließen. Wir begreifen also auch in dieser Episode, daß unser eigentlicher Feind die Anhänglichkeit an die Sünde ist, die uns ins Scheitern unserer Existenz treiben kann. Jesus verabschiedet die Ehebrecherin mit diesem Auftrag: »Geh und sündige von jetzt an nicht mehr!« Er gewährt ihr die Vergebung, damit sie »von jetzt an« nicht mehr sündigt. In einer ähnlichen Episode, der Begegnung mit der reumütigen Sünderin, die uns im *Lukasevangelium* (7,36–50) erzählt wird, empfängt Jesus eine Frau, die Reue gezeigt hat, und entläßt sie in Frieden. Hier hingegen erhält die Ehebrecherin die Vergebung einfach bedingungslos. In beiden Fällen – für die reumütige Sünderin und für die Ehebrecherin – ist die Botschaft einzigartig. Im einen Fall wird betont, daß es ohne Reue, ohne die Sehnsucht nach Vergebung, ohne die Öffnung des Herzens für die Vergebung keine Vergebung gibt; hier wird hervorgehoben, daß uns nur die Vergebung Gottes und seine mit offenem und aufrichtigem Herzen empfangene Liebe die Kraft geben, dem Bösen zu widerstehen und »nicht mehr zu sündigen«, uns von der Liebe Gottes treffen zu lassen, die zu unserer Stärke wird. Die Haltung Jesu wird so zu einem Vorbild für jede Gemeinde, die gerufen ist, aus der Liebe und der Vergebung das schlagende Herz ihres Lebens zu machen.

»Die erschreckende Möglichkeit, Unmensch zu sein«

*Kann man seine Seele verlieren?**

In meiner ersten Enzyklika [...] betonte ich, daß am Anfang des Christseins die Begegnung mit einem Ereignis, mit einer Person steht, die dem Leben einen neuen Horizont und damit die entscheidende Richtung gibt (vgl. *Deus caritas est*, 1). Gerade um diese Begegnung zu begünstigen, schickt ihr euch an, eure Herzen für Gott zu öffnen, indem ihr eure Sünden bekennt und durch das Wirken des Heiligen Geistes und den Dienst der Kirche die Vergebung und den Frieden empfangt. So gibt man der Gegenwart des Heiligen Geistes Raum, der dritten Person der Heiligsten Dreifaltigkeit, die die »Seele« und der »Lebensatem« des christlichen Lebens ist: Der Heilige Geist befähigt uns, »ein immer tieferes und freudigeres Verständnis von Jesus reifen zu lassen und so am Beginn des dritten Jahrtausends

---

* Aus dem Bußgottesdienst mit den Jugendlichen Roms 2008

64

zugleich eine wirksame Umsetzung des Evangeliums zu verwirklichen« (*Botschaft zum XXIII. Weltjugendtag,* 1).

Als ich Erzbischof von München und Freising war, habe ich mich in einer Meditation über Pfingsten von einem Film mit dem Titel *Seelenwanderung* inspirieren lassen, um zu erklären, wie der Heilige Geist in einer Seele wirken kann. Der Film erzählt von zwei armen Teufeln, die wegen ihrer Gutmütigkeit keinen Erfolg im Leben haben. Eines Tages kommt einer der beiden auf die Idee, daß er, weil er nichts anderes feilzubieten hat, seine Seele verkaufen könnte. Sie wird für wenig Geld erworben und in eine Schachtel gesteckt. Zu seiner Überraschung verändert sich von diesem Augenblick an sein ganzes Leben. Er steigt auf, wird immer reicher, gelangt zu hohen Ehren und stirbt als Konsul, mit Geld und Gut reichlich ausgestattet. Nachdem er seine Seele losgeworden war, gab es für ihn keine Rücksicht und keine Menschlichkeit mehr. Er handelte skrupellos und dachte nur noch an Gewinn und Erfolg. Der Mensch zählte nicht mehr. Er selbst hatte keine Seele mehr. Der Film – so sagte ich zum Schluß – zeigt in erschütternder Weise, wie sich hinter der Fassade des Erfolgs oft eine leere Existenz verbirgt.

Anscheinend hat der Mensch nichts verloren, aber ihm fehlt die Seele, und mit ihr fehlt alles. Es ist klar – sagte ich in dieser Meditation –, daß der Mensch seine Seele nicht im eigentlichen Sinn wegwerfen kann, denn sie ist es, die ihn zum Menschen macht. Er bleibt Mensch, aber er hat die erschreckende Möglichkeit, Un-mensch zu sein, Mensch zu bleiben und doch zugleich sein Menschsein zu verkaufen und zu verlieren. Der Abstand zwischen Mensch und Unmensch ist unfaßbar und kann doch nicht bewiesen werden; es ist das eigentlich Entscheidende und doch scheinbar ohne Gewicht (vgl. *Suchen, was droben ist, Meditationen das Jahr hindurch*, Libreria Editrice Vaticana, 1985).

Auch der Heilige Geist, der am Anfang der Schöpfung steht und dank des Ostergeheimnisses am Pfingsttag in Fülle auf Maria und die Apostel herabgekommen ist, kann äußerlich nicht gesehen werden. Man kann weder sehen noch beweisen, ob er in einen Menschen eindringt oder nicht. Aber das ändert und erneuert die ganze Perspektive des menschlichen Daseins. Der Heilige Geist verändert nicht die äußeren, sondern die inneren Situationen des Lebens. Am Abend des ersten Tages der Woche erschien Jesus den Jüngern, *»hauchte sie an und sprach zu ihnen:*

Empfangt den Heiligen Geist!« (*Joh* 20,22). Dann, am Pfingsttag, kam der Heilige Geist noch offensichtlicher auf die Apostel herab, als stürmischer Wind in Form von Feuerzungen. Auch heute [...] wird der Heilige Geist in eure Herzen kommen, um die Sünden zu vergeben und uns innerlich zu erneuern, indem er uns mit einer Kraft ausstattet, die auch uns wie die Apostel ermutigt zu verkünden, daß »Christus gestorben und auferstanden ist!«

[...] wir wollen uns [...] in einer ehrlichen Gewissenserforschung vorbereiten und uns dann an die wenden, denen Christus den Dienst der Versöhnung anvertraut hat. Mit reuigem Herzen bekennen wir unsere Sünden und nehmen uns ernsthaft vor, sie nicht zu wiederholen und vor allem immer auf dem Weg der Umkehr zu bleiben. So werden wir die wahre Freude erfahren, die von der Barmherzigkeit Gottes kommt; sie ergießt sich in unsere Herzen und versöhnt uns mit ihm. Diese Freude ist ansteckend! *»Ihr werdet die Kraft des Heiligen Geistes empfangen, der auf euch herabkommen wird, und ihr werdet meine Zeugen sein«* (*Apg* 1,8) lautet der Bibelvers, der als Leitwort für den XXIII. Weltjugendtag gewählt wurde. Tragt in euch diese Freude, die von der Aufnahme der Gaben des Heiligen Geistes kommt, indem ihr in eurem Leben Zeugnis gebt von den Früchten des Heiligen Geistes: »*Liebe, Freude, Friede, Langmut, Freundlichkeit, Güte, Treue, Sanftmut und Selbstbeherrschung*« (*Gal* 5,22): so zählt der hl. Paulus im Brief an die Galater diese Früchte des Heiligen Geistes auf.

Denkt immer daran, daß ihr »Tempel des Heiligen Geistes« seid. Laßt ihn in euch wohnen und folgt gehorsam seinen Weisungen, damit ihr zum Aufbau der Kirche beitragt (vgl. *1 Kor* 12,7) und unterscheidet, welche Art von Berufung der Herr an euch ergehen läßt. Die Welt braucht auch heute Priester, geweihte Männer und Frauen, christliche Ehepaare. Seid großmütig, wenn ihr auf die Berufung zu einem dieser Wege antwortet; laßt euch durch das Beichtsakrament und die Praxis der geistlichen Begleitung auf eurem Weg als treue Christen helfen. Bemüht euch insbesondere, Jesus, dem Herrn, euer Herz zu öffnen, um ohne Vorbehalte euer »Ja« zu ihm zu sagen.

Liebe Jugendliche: diese Stadt Rom ist in euren Händen. Ihr habt die Aufgabe, sie auch geistlich schön zu machen durch das Zeugnis eines Lebens in der Gnade Gottes und fern von der Sünde, indem ihr all dem zustimmt, wozu der Heilige Geist euch in der Kirche und in der Welt berufen hat. So werdet ihr die Gnade der überfließenden

Barmherzigkeit Christi sichtbar machen, die aus seiner am Kreuz durchbohrten Seite für uns geströmt ist. Jesus, der Herr, reinigt uns von unseren Sünden, er heilt uns von der Schuld und er stärkt uns, damit wir im Kampf gegen die Sünde und im Zeugnis seiner Liebe nicht unterliegen.

Vor 25 Jahren hat der geliebte Diener Gottes Johannes Paul II. [...] das Internationale Jugendzentrum »San Lorenzo« eingeweiht. Eine geistliche Initiative, die zu den vielen anderen in der Diözese Rom hinzukam, um die Aufnahme der jungen Menschen, den Austausch von Erfahrungen und Glaubenszeugnissen und besonders das Gebet zu fördern, das uns die Liebe Gottes entdecken läßt. Bei diesem Anlaß hat Johannes Paul II. gesagt: »Wer sich von dieser Liebe erfüllen läßt, kann seine Schuld nicht länger leugnen. Der Verlust des Sinnes für die Sünde hängt letztes Endes mit dem radikaleren und verborgeneren Verlust des Sinnes für Gott zusammen« (*Predigt bei der Einweihung des Internationalen Jugendzentrums San Lorenzo*, 13. März 1983, 5). Und er fügte hinzu: »Wohin soll man in dieser Welt mit ihren Sünden und ihrer Schuld gehen ohne das Kreuz? Das Kreuz nimmt das ganze Elend der Welt, das der Sünde entspringt, auf sich. Es offenbart sich als Zeichen der Gnade. Es nimmt unsere Solidarität auf und ermutigt uns zum Opfer für die anderen« *(ebd.)*.

[...] diese Erfahrung soll sich [...] für euch wiederholen: Schaut jetzt auf das Kreuz, und nehmen wir die Liebe Gottes an, die uns vom Kreuz aus, die uns vom Heiligen Geist geschenkt wird, der aus der durchbohrten Seite des Herrn strömt, und – wie Papst Johannes Paul II. gesagt hat – »werdet selbst zu Befreiern für die Jugend der Welt« (ebd.).

PALMSONNTAG

»Ist unser Glaube rein und offen?«

Das Evangelium
*von der Tempelreinigng**

Jahr um Jahr erzählt uns das Evangelium des Palmsonntags vom Einzug Jesu in Jerusalem. Mit seinen Jüngern und einer wachsenden Pilgerschar war er aus der Ebene Galiläas hinaufgestiegen zur Heiligen Stadt. Die Evangelisten haben uns als Stufen dieses Aufstiegs drei Leidensweissagungen Jesu überliefert und damit zugleich den inneren Aufstieg angedeutet, der sich in dieser Pilgerschaft vollzog. Jesus ist unterwegs zum Tempel – zu dem Ort, von dem das Buch *Deuteronomium* sagt, daß Gott dort seinen Namen wohnen lassen wollte (vgl. 12,11; 14,23). Der Gott, der Himmel und Erde erschaffen hat, hat sich einen Namen gegeben, sich anrufbar, ja, geradezu berührbar gemacht für die Menschen. Kein Ort kann ihn umfassen, und dennoch oder gerade deshalb gibt er sich selbst einen Ort und einen Namen, damit

---

* Aus der Predigt am Palmsonntag 2008

dort er, der wahre Gott verehrt werden könne als Gott mitten unter uns. Aus der Geschichte vom 12jährigen Jesus wissen wir, daß Jesus den Tempel als Haus seines Vaters, als sein Vaterhaus geliebt hat. Nun kommt er wieder zu diesem Tempel, aber sein Weg führt darüber hinaus: Letztes Ziel seines Aufstiegs ist das Kreuz. Es ist der Aufstieg, den der Brief an die Hebräer schildert als Hinaufgehen zu dem nicht von Menschenhand gemachten Zelt, vor Gottes eigenes Angesicht hin. Dieser Aufstieg vor das Gesicht Gottes führt über das Kreuz. Er ist der Aufstieg zur »Liebe bis ans Ende« (*Joh* 13,1), die der eigentliche Gottesberg ist, der endgültige Ort der Berührung zwischen Gott und Mensch.

Beim Einzug in Jerusalem huldigen die Menschen Jesus als dem Sohn Davids mit Worten aus dem Pilgerpsalm 118: »Hosanna dem Sohn Davids! Gesegnet sei, der da kommt im Namen des Herrn. Hosanna in der Höhe!« (*Mt* 21,9). Dann kommt er zum Tempel. Aber dort, wo der Raum der Begegnung zwischen Gott und Mensch sein sollte, findet er Viehhändler und Geldwechsler, die den Ort des Gebets mit ihren Geschäften ausfüllen. Gewiß – das Vieh, das dort angeboten wurde, gehörte für die Opfer, die im Tempel dargebracht wurden. Und da im Tempel nicht das Geld gebraucht werden konnte, auf dem die römischen Imperatoren dargestellt waren, die dem wahren Gott entgegenstanden, mußte dort Geld eingetauscht werden, das keine götzendienerischen Bilder trug. Aber all das konnte anderswo geschehen: Der Raum, in dem es nun geschah, sollte seiner Bestimmung nach Vorhof der Heiden sein. Denn der Gott Israels war eben der eine Gott aller Völker, und wenn die Heiden auch gleichsam nicht den Innenraum der Offenbarung betreten, so konnten sie sich doch im Vorhof des Glaubens dem Gebet an den einen Gott anschließen. Der Gott Israels, der Gott aller Menschen, wartete immer auch auf ihr Gebet, auf ihr Suchen und Rufen. Aber nun herrschte da statt dessen das Geschäft – ein Geschäft, das von der zuständigen Behörde legalisiert worden war, die selbst am Gewinn der Händler beteiligt war. Die Händler handelten recht nach der geltenden Ordnung, aber die Ordnung selbst war korrupt. »Habsucht ist Götzendienst«, sagt der *Kolosserbrief* (vgl. 3,5). Diesen Götzendienst findet Jesus vor, und ihm gegenüber zitiert er Jesaja: »Mein Haus soll ein Haus des Gebetes sein« (*Mt* 21,13; vgl. *Jes* 56,7), und Jeremia: »Ihr aber macht daraus eine Räuberhöhle« (*Mt* 21,13; vgl. *Jer* 7,11). Gegen die falschverstandene Ordnung verteidigt Jesus mit seiner prophetischen Gebärde die wahre Ordnung, die sich im Gesetz und den Propheten findet.

All dies muß uns auch heute als Christen nachdenklich machen: Ist unser Glaube rein und offen genug, daß auch die »Heiden«, die suchenden und fragenden Menschen von heute, von ihm her das Licht des einen Gottes erahnen, sich in den Vorhöfen des Glaubens an unser Beten anhängen, mit ihrem Fragen doch auch Anbetende werden können? Wissen wir auch mit dem Herzen und mit unserer Lebenspraxis, daß Habsucht Götzendienst ist? Lassen wir nicht auf vielerlei Weise die Götzen auch mitten in die Welt unseres Glaubens hinein? Sind wir bereit, uns immer wieder neu vom Herrn reinigen, aus uns und aus der Kirche austreiben zu lassen, was ihm entgegensteht?

Bei der Tempelreinigung geht es aber um mehr als um Bekämpfung von Mißbräuchen. Eine neue Geschichtsstunde ist angesagt. Nun beginnt, was Jesus der Samariterin auf ihre Frage nach der rechten Anbetung angekündigt hatte: »Die Stunde kommt, und sie ist schon da, zu der die wahren Beter den Vater anbeten werden im Geist und in der Wahrheit; denn so will der Vater angebetet werden« (*Joh* 4,23). Die Zeit ist zu

Ende, in der Tiere für Gott geopfert wurden. Immer schon waren die Tieropfer nur ein armseliger Ersatz gewesen, eine Gebärde der Sehnsucht nach der wirklichen Weise, Gott anzubeten. Der Brief an die Hebräer hat als Überschrift über das Leben und Wirken Jesu ein Wort aus Psalm 40 gestellt: »Schlacht- und Speiseopfer hast du nicht gewollt; aber einen Leib hast du mir bereitet« (*Hebr* 10, 5). An die Stelle der Schlacht- und Speiseopfer tritt Christi Leib, tritt er selbst. Nur die »Liebe bis ans Ende«, nur die sich ganz für die Menschen an Gott verschenkende Liebe ist der wahre Kult, ist das wahre Opfer. Anbeten im Geist und in der Wahrheit bedeutet Anbeten in der Gemeinschaft mit ihm, der die Wahrheit ist; anbeten in der Gemeinschaft mit seinem Leib, zu dem uns der Heilige Geist zusammenführt.

Die Evangelisten erzählen uns, daß im Prozeß Jesu Falschzeugen auftraten, die behaupteten, Jesus habe gesagt: »Ich kann den Tempel Gottes abbrechen und binnen drei Tagen wieder aufbauen« (*Mt* 26,61). Vor dem am Kreuz hängenden Christus beziehen sich Spötter auf das gleiche Wort und rufen ihm zu: »Der du den Tempel abbrechen und in drei Tagen wieder aufbauen kannst, rette dich selbst« (*Mt* 27,40). Die rechte Fassung des Wortes aus dem Mund Jesu selbst hat uns Johannes in seinem Bericht von der Tempelreinigung überliefert. Auf die Frage nach einem Zeichen, mit dem Jesus sich für eine solche Handlung autorisiert, hat der Herr geantwortet: »Brecht diesen Tempel ab, und in drei Tagen werde ich ihn wieder aufrichten« (*Joh* 2,18 f.). Johannes fügt hinzu, daß die Jünger nach der Auferstehung in der Rückschau begreifen, daß Jesus vom Tempel seines Leibes geredet hatte (2,21 f.). Nicht Jesus bricht den Tempel ab; der Zerstörung preisgegeben wird er durch die Haltung derer, die ihn vom Ort der Begegnung aller Völker mit Gott zur »Räuberhöhle«, zum Ort ihrer Geschäfte gemacht haben. Aber wie immer seit Adams Fall wird das Versagen der Menschen zum Anlaß für einen noch größeren Einsatz der Liebe Gottes für uns. Die Stunde des steinernen Tempels, die Stunde der Tieropfer war vorbei: Daß der Herr die Händler austreibt, wehrt nicht nur einem Mißbrauch, sondern zeigt auf das neue Tun Gottes hin. Der neue Tempel entsteht: Jesus Christus selbst, in dem Gottes Liebe sich zu den Menschen beugt. Er ist in seinem Leben der neue, lebendige Tempel. Er, der durch das Kreuz Hindurchgegangene und Auferstandene, ist der lebendige Raum von Geist und Wahrheit, in dem die rechte Anbetung geschieht. So ist die Tempelreinigung als Höhepunkt von Jesu feierlichem Einzug in Jerusalem zugleich Zeichen für den drohenden Untergang des Bauwerks und Verheißung des neuen Tempels; Verheißung des Reichs der Versöhnung und der Liebe, das in der Gemeinschaft mit Christus über alle Grenzen hin aufgerichtet wird.

Der hl. Matthäus, dessen Evangelium wir in diesem Jahr hören, berichtet am Ende seiner Palmsonntagserzählung nach der Tempelreinigung noch von zwei kleinen Begebenheiten, die wiederum prophetischen Charakter tragen und uns noch einmal das wirkliche Wollen Jesu verdeutlichen. Direkt nach dem Wort Jesu vom Gebetshaus aller Völker fährt der Evangelist so fort: »Im Tempel kamen Lahme und Blinde zu ihm, und er heilte sie.« Des weiteren sagt uns Matthäus, daß Kinder im Tempel den Ruf wiederholten, den die Pilger am Eingang der Stadt ausgebracht hatten: »Hosanna dem Sohn Davids« (*Mt* 21,14 f.). Dem Viehhandel und dem Geldgeschäft stellt Jesus seine heilende Güte entgegen. Sie ist die wahre Reinigung des Tempels. Er kommt nicht als Zerstörer; er kommt nicht mit dem Schwert des Aufrührers. Er kommt mit der Gabe der Heilung. Er wendet sich denen zu, die aufgrund ihres Gebrechens an den Rand ihres Lebens und der Gesellschaft gedrängt werden. Er zeigt Gott als den Liebenden und seine Macht als Macht der Liebe. Und so sagt er uns, was für immer zur rechten Gottesverehrung gehört: das Heilen, das Dienen, die heilende Güte.

Und da sind dann die Kinder, die Jesus als Davidssohn huldigen und ihm das Hosanna zurufen. Jesus hatte seinen Jüngern gesagt, daß sie, um ins Reich Gottes zu kommen, wieder wie Kinder werden müßten. Er selbst, der die ganze Welt umfaßt, war klein geworden, um uns entgegenzugehen, um uns auf den Weg zu Gott zu bringen. Um Gott zu erkennen, müssen wir den Hochmut ablegen, der uns verblendet, der uns von Gott abdrängen will, als wäre Gott unser Konkurrent. Um Gott zu begegnen, muß man mit dem Herzen sehend werden. Wir müssen sehen lernen mit einem jungen Herzen, das nicht verstellt ist von Vorurteilen und nicht geblendet von Interessen. So hat die Kirche in den Kleinen, die mit solchem freien und offenen Herzen ihn erkennen, das Bild der Gläubigen aller Zeiten, ihr eigenes Bild gesehen.

[...] schließen wir uns der die ganze Geschichte hindurchgehenden Prozession der jungen Menschen von damals an. Mit den jungen Menschen der ganzen Welt gehen wir Jesus entgegen. Von ihm lassen wir uns zu Gott hinführen, um von Gott her das rechte Menschsein zu erlernen. Mit ihnen danken wir Gott, daß er uns mit Jesus, dem Sohn Davids, einen Raum des Friedens und der Versöhnung über die ganze Welt hin geschenkt hat. Ihn bitten wir, daß wir mit ihm und von ihm her zu Boten seines Friedens werden, daß sein Reich wachse in uns und um uns.

»Sein Land ist die Erde, die ganze Welt«

Vom Reich des Königs des Friedens*

Wenn wir Jesus begegnen und dann mit ihm zusammen seinen Weg gehen wollen, müssen wir uns [...] fragen: Was ist das für ein Weg, auf dem er uns führen will? Was erwarten wir von ihm? Was erwartet er von uns?

Um zu verstehen, was am Palmsonntag geschehen ist, und um zu erkennen, was er über jene Stunde hinaus für alle Zeiten bedeutet, erweist sich ein Detail als wichtig, das auch für seine Jünger der Schlüssel zum Verständnis dieses Ereignisses wurde, als sie nach Ostern jene Tage, die von Aufregung gekennzeichnet waren, mit einem neuen Blick noch einmal an sich vorüberziehen ließen. Jesus zieht in die Heilige Stadt ein, auf einem Esel reitend, das heißt auf dem Tier der einfachen, gewöhnlichen Leute vom Land, und noch dazu auf einem Esel, der ihm nicht einmal gehört, sondern den er sich für diese Gelegenheit

---

* Aus der Predigt am Palmsonntag 2006

ausleiht. Er kommt nicht in einer prunkvollen Königskutsche, nicht zu Pferd wie die Großen der Welt, sondern auf einem geliehenen Esel. Johannes berichtet uns, daß die Jünger das im ersten Augenblick nicht verstanden haben. Erst nach Ostern bemerkten sie, daß Jesus, indem er so handelte, die Ankündigungen der Propheten erfüllte; sie verstanden nun, daß sein Tun sich aus dem Wort Gottes herleitete und daß er es zu seiner Erfüllung brachte. Sie erinnerten sich, sagt Johannes, daß beim Propheten Sacharja zu lesen ist: »Fürchte dich nicht, Tochter Zion! Siehe, dein König kommt; er sitzt auf dem Fohlen einer Eselin« (*Joh* 12,15; vgl. *Sach* 9,9). Um die Bedeutung der Prophezeiung und damit des Handelns Jesu zu verstehen, müssen wir den ganzen Text im Buch des Propheten Sacharja hören, der so fortfährt: »Ich vernichte die Streitwagen aus Ephraim und die Rosse aus Jerusalem, vernichtet wird der Kriegsbogen. Er verkündet für die Völker den Frieden; seine Herrschaft reicht von Meer zu Meer und vom Euphrat bis an die Enden der Erde« (*Sach* 9,10). Damit sagt der Prophet drei Dinge über den künftigen König.

Als erstes sagt er, daß er der König der Armen sein wird, ein Armer unter den Armen und für die Armen. Die Armut wird in diesem Fall im

Sinn der *anawim* Israels verstanden, jener gläubigen und demütigen Seelen, die wir in der Nähe Jesu antreffen – aus der Perspektive der ersten Seligpreisung der Bergpredigt. Man kann zwar in materieller Hinsicht arm sein, aber ein Herz haben, das von dem begehrlichen Verlangen nach materiellem Reichtum erfüllt ist und nach Macht, die auf dem Reichtum beruht. Gerade die Tatsache, daß ein solcher Mensch in Neid und Habgier lebt, zeigt, daß er in seinem Herzen zu den Reichen gehört. Er wünscht sich, die Verteilung der Güter umzustürzen, aber nur um selbst in die Stellung der ehemaligen Reichen zu gelangen. Die Armut im Sinne Jesu – und im Sinne der Propheten – setzt vor allem die innere Freiheit von der Gier nach Besitz und Macht voraus. Es geht um eine größere Wirklichkeit als bloß um eine Umverteilung der Güter, die doch im materiellen Bereich stehen bliebe, ja, die Herzen noch härter machen würde. Es geht vor allem um die Reinigung des Herzens, dank der man den Besitz als Verantwortung, als Aufgabe gegenüber den anderen anerkennt, indem man sich unter Gottes Blick stellt und sich von Christus führen läßt, der reich war und um unsretwegen arm geworden ist (vgl. *2 Kor* 8,9). Die innere Freiheit ist die Voraussetzung für die Überwindung der Korruption und der Habgier, die bereits die Welt verwüsten; eine derartige Freiheit kann nur gefunden werden, wenn Gott unser Reichtum wird; sie kann nur im geduldigen täglichen Verzicht gefunden werden, durch den sie sich als wahre Freiheit entfaltet. Dem König, der uns den Weg zu diesem Ziel weist – Jesus –, jubeln wir am Palmsonntag zu; ihn bitten wir, uns mit auf seinen Weg zu nehmen.

Als zweites zeigt uns der Prophet, daß dieser König ein König des Friedens sein wird: Er wird die Streitwagen und Schlachtrösser verschwinden lassen, er wird die Bögen zerbrechen und den Frieden verkünden. In der Gestalt Jesu wird das im Zeichen des Kreuzes Wirklichkeit. Das Kreuz ist der zerbrochene Bogen, in gewisser Weise der neue, wahre Regenbogen Gottes, der den Himmel und die Erde miteinander verbindet und eine Brücke über die Abgründe und zwischen den Kontinenten schlägt. Die neue Waffe, die uns Jesus in die Hände gibt, ist das Kreuz – Zeichen der Versöhnung, der Vergebung, Zeichen der Liebe, die stärker ist als der Tod. Jedesmal, wenn wir uns bekreuzigen, müssen wir uns daran erinnern, der Ungerechtigkeit nicht andere Ungerechtigkeit, der Gewalt nicht andere Gewalt entgegenzusetzen; wir müssen uns daran erinnern, daß wir das Böse nur durch das Gute besiegen können und niemals durch Vergeltung des Bösen mit Bösem.

Die dritte Aussage des Propheten ist die Ankündigung der Universalität. Sacharja sagt, das Reich des Königs des Friedens »reicht von Meer zu Meer (…) bis an die Enden der Erde«. Die alte, an Abraham und die Väter ergangene Verheißung des Landes wird hier durch eine neue Vision ersetzt: Der Raum des messianischen Königs ist nicht mehr ein bestimmtes Land, das sich notwendigerweise von den anderen trennen und dann unvermeidlich auch gegen andere Länder Stellung beziehen würde. Sein Land ist die Erde, die ganze Welt. Indem er jede Abgrenzung überwindet, schafft er in der Mannigfaltigkeit der Kulturen Einheit. Wenn wir mit dem Blick die Wolken der Geschichte durchdringen, die den Propheten von Jesus trennten, sehen wir in dieser Prophezeiung wie von ferne das Netz der »eucharistischen Gemeinschaften« auftauchen, das die Erde, die ganze Welt umfängt – ein Netz von Gemeinschaften, die das »Reich des Friedens« Jesu von Meer zu Meer bis an die Enden der Erde bilden. Er kommt überall, in alle Kulturen und in alle Teile der Welt, in die ärmlichen Hütten und notleidenden ländlichen Gebiete ebenso wie in die Pracht der Kathedralen. Überall ist er derselbe, der einzige, und so sind auch alle, die sich in der Gemeinschaft mit ihm zum Gebet versammeln, miteinander in einem einzigen Leib vereint. Christus herrscht, indem er sich selbst zu unserem Brot macht und sich uns schenkt. Auf diese Weise errichtet er sein Reich.

Dieser Zusammenhang wird in dem anderen alttestamentlichen Wort, das die Liturgie des Palmsonntags und seine besondere Atmosphäre charakterisiert und erklärt, ganz deutlich. Die Menge jubelt Jesus zu: »Hosanna! Gesegnet sei er, der kommt im Namen des Herrn!« (*Mk* 11,9; *Ps* 118,26 f.). Dieses Wort ist Teil des Ritus des Laubhüttenfestes, bei dem sich die Gläubigen mit Palm-, Myrten- und Weidenzweigen in den Händen im Kreis um den Altar herumbewegen. Jetzt erhebt das Volk, mit Palmzweigen in der Hand, diesen Ruf zu Jesus, in dem es denjenigen sieht, der im Namen des Herrn kommt: Dieser Ausdruck »er, der kommt im Namen des Herrn«, war nämlich seit langem zur Bezeichnung des Messias geworden. In Jesus erkennen sie den, der wirklich im Namen des Herrn kommt und die Gegenwart Gottes mitten unter sie bringt. Dieser Hoffnungsruf Israels, diese jubelnde Akklamation Jesu bei seinem Einzug in Jerusalem ist in der Kirche mit gutem Grund zur Akklamation desjenigen geworden, der uns in der Eucharistie auf neue Weise entgegenkommt. Mit dem Ruf »Hosanna!« grüßen wir den, der in Fleisch und Blut die Herrlichkeit Gottes auf die Erde gebracht hat. Wir grüßen den, der gekommen ist und dennoch immer derjenige bleibt, der kommen soll. Wir grüßen den, der in der Eucharistie immer wieder im Namen des Herrn zu uns kommt und so im Frieden Gottes die Grenzen der Erde verbindet. Diese Erfahrung der Universalität gehört wesentlich zur Eucharistie. Da der Herr kommt, treten wir aus unseren exklusiven Parteilichkeiten heraus und in die große Gemeinschaft all derer ein, die dieses heilige Sakrament feiern. Wir treten in sein Reich des Friedens ein und grüßen in Ihm in gewisser Weise auch alle unsere Brüder und Schwestern, zu denen er kommt, um in dieser zerrissenen Welt wirklich ein Reich des Friedens entstehen zu lassen.

Alle drei vom Propheten verkündeten Wesensmerkmale – Armut, Friede, Universalität – werden im Zeichen des Kreuzes zusammengefaßt. [...] Es gab eine Zeit – und sie ist noch nicht vollkommen überwunden –, in der das Christentum gerade wegen des Kreuzes abgelehnt wurde. Das Kreuz spricht von Opfer, sagte man, das Kreuz ist Zeichen der Verneinung des Lebens. Wir hingegen wollen das ganze Leben, ohne Einschränkungen und ohne Verzichte. Wir wollen leben, nichts als leben. Wir lassen uns nicht von Geboten und Verboten einschränken. Wir wollen Reichtum und Fülle – so sagte man und so sagt man noch immer. Das alles klingt überzeugend und verführerisch; es ist die Sprache der Schlange, die zu uns sagt: »Laßt euch nicht verängstigen! Eßt ruhig von allen Bäumen des Gartens!«. Der Palmsonntag jedoch sagt uns, daß das wahre, große »Ja« gerade das Kreuz ist, daß gerade das Kreuz der wahre Baum des Lebens ist. Wir finden das Leben nicht dadurch, daß wir uns seiner bemächtigen, sondern indem wir es schenken. Die Liebe ist ein Sich-selbst-Verschenken, und deshalb ist sie der Weg des wahren Lebens, der durch das Kreuz symbolisiert wird. [...] Symbolisch wird dieser Weg von dem Propheten angezeigt, der Weg von Meer zu Meer, vom Strom bis an die Grenzen der Erde. Es ist der Weg dessen, der uns im Zeichen des Kreuzes den Frieden schenkt und uns zu Vermittlern der Versöhnung und seines Friedens werden läßt. [...] Bitten wir Jesus darum, daß er zugleich uns berühre und unsere Herzen öffne, damit wir, indem wir seinem Kreuz folgen, Boten seiner Liebe und seines Friedens werden.

CHRISAMMESSE

»Ich heilige mich – ich opfere mich«

*Vom Eingetauchtwerden in die Wahrheit**

Am Abend vor seinem Leiden hat der Herr im Abendmahlsaal für seine um ihn versammelten Jünger gebetet und dabei zugleich vorausgeschaut auf die Jüngergemeinde aller Jahrhunderte, auf alle, »die durch ihr Wort an mich glauben« (*Joh* 17,20). Im Gebet für die Jünger aller Zeiten hat er auch uns gesehen und für uns gebetet. Hören wir, worum er den Vater für die Zwölf, für uns hier bittet: »Heilige sie in der Wahrheit; dein Wort ist Wahrheit. Wie du mich in die Welt gesandt hast, so habe auch ich sie in die Welt gesandt. Und ich heilige mich für sie, damit auch sie in Wahrheit geheiligt sind« (17,17 ff.). Der Herr betet für uns um Heiligung, um Heiligung in der Wahrheit. Und er sendet uns zur Fortführung seiner eigenen Sendung. Aber da ist in diesem Gebet ein Wort, das uns aufhorchen läßt, uns unverständlich scheint. Jesus sagt: »Ich heilige mich für

---

* Aus der Predigt in der Chrisammesse 2009

sie.« Was bedeutet das? Ist Jesus nicht in sich »der Heilige Gottes«, als den ihn Petrus in der kritischen Stunde zu Kapharnaum bekannt hat (*Joh* 6,69)? Wie kann er sich nun selbst heiligen?

Um dies zu verstehen, müssen wir vor allem klären, was die Worte »heilig« und »heiligen« in der Bibel aussagen. »Heilig« – mit diesem Wort wird zunächst die Wesensart Gottes selbst umschrieben, seine ganz eigene, göttliche Weise des Seins, die nur ihm eigen ist. Er allein ist der wirklich und ursprünglich Heilige. Alle andere Heiligkeit leitet sich von ihm ab, ist Teilhabe an seiner Weise des Seins. Er ist das reine Licht, die Wahrheit und das Gute ohne Makel. Etwas oder jemanden heiligen bedeutet daher, die Sache oder die Person Gott zueignen, sie aus dem Bereich des Unsrigen herausnehmen und sie in seine Atmosphäre übertragen, so daß dieses nicht mehr zur Welt, zum Unsrigen gehört, sondern ganz Gottes ist. So ist Heiligung Weggabe aus der Welt und Übergabe an den lebendigen Gott. Die Sache oder die Person gehört nicht mehr uns, nicht mehr sich selbst, sondern sie wird in Gott eingetaucht. Weggabe einer Sache an Gott nennen wir aber auch Opfer: Dies soll nun nicht mehr mir gehören, sondern ihm. Weggabe einer Person an Gott, Heiligung einer Person ist im

Alten Testament identisch mit Priesterweihe, und so wird zugleich definiert, worin Priestertum besteht: Übereignung aus der Welt heraus und Zueignung zu Gott. Damit werden nun die zwei Richtungen deutlich, die zum Geschehen der Heiligung gehören. Es ist Heraustreten aus den Zusammenhängen des weltlichen Lebens – Aussonderung für Gott. Aber gerade so ist es nicht Absonderung. Übergabe an Gott bedeutet vielmehr Stellvertretung für die anderen. Der Priester wird aus den weltlichen Zusammenhängen weggegeben an Gott, und gerade so muß er für die anderen, für alle von Gott her da sein. Wenn Jesus sagt: »Ich heilige mich«, so macht er sich damit zum Priester und zum Opfer zugleich. Bultmann hat daher recht, wenn er das Wort »Ich heilige mich« übersetzt: »Ich opfere mich«. Verstehen wir nun, was geschieht, wenn Jesus sagt: »Ich heilige mich für sie«? Dies ist der priesterliche Akt, in dem Jesus – der mit dem Sohn Gottes geeinte Mensch Jesus – sich für uns dem Vater übergibt. Es ist Ausdruck dafür, daß er Priester und Opfer zugleich ist. Ich heilige mich – ich opfere mich: Dieses abgründige Wort, das uns zutiefst in das Herz Jesu Christi hineinschauen läßt, sollten wir immer wieder bedenken. Darin liegt das ganze Geheimnis un-

serer Erlösung. Und der Ursprung des Priestertums der Kirche – unseres Priestertums – liegt
darin.

Jetzt erst können wir die Bitte ganz verstehen,
die der Herr für die Jünger – für uns – vor den
Vater hingestellt hat. »Heilige sie in der Wahrheit«: Dies ist die Einsetzung der Apostel ins
Priestertum Jesu Christi, die Einsetzung seines
neuen Priestertums für die Gemeinschaft der
Glaubenden aller Zeiten. »Heilige sie in der
Wahrheit«: Das ist das eigentliche Weihegebet
für die Apostel. Der Herr bittet darum, daß
Gott sie selbst an sich zieht, in seine Heiligkeit
hinein. Daß er sie aus dem Eigenen wegnimmt
und sie sich zueignet, damit sie von ihm her
priesterlichen Dienst für die Welt tun können.
Diese Bitte Jesu erscheint zweimal in leicht abge-
wandelter Form. Wir müssen beide Male genau
zuhören, damit wir das Große wenigstens ah-
nungsweise zu verstehen beginnen, das hier geschieht. »Heilige sie in der Wahrheit.« Jesus fügt
hinzu: »Dein Wort ist Wahrheit.« Die Jünger
werden also in Gott hineingezogen, indem sie in
das Wort Gottes eingetaucht werden. Das Wort
Gottes ist gleichsam das Bad, das sie reinigt, die
schöpferische Macht, die sie umformt in Gottes
Sein hinein. Und wie ist es da mit uns? Sind wir

wirklich durchtränkt vom Wort Gottes? Ist es wirklich die Nahrung, von der wir leben, mehr als vom Brot und von den Dingen dieser Welt? Kennen wir es wirklich? Lieben wir es? Gehen wir innerlich damit um, so daß es wirklich unser Leben prägt, unser Denken formt? Oder formt sich unser Denken nicht doch immer wieder aus alledem, was man sagt, was man tut? Sind nicht doch oft genug die herrschenden Meinungen der Maßstab, an dem wir uns messen? Bleiben wir nicht doch in der Oberflächlichkeit all dessen, was sich dem Menschen von heute eben so aufdrängt? Lassen wir uns vom Wort Gottes wirklich inwendig reinigen? Nietzsche hat Demut und Gehorsam als Knechtstugenden verhöhnt, mit denen man die Menschen niedergehalten habe. An deren Stelle hat er den Stolz und die absolute Freiheit des Menschen gesetzt. Nun, es gibt Zerrbilder falscher Demut und falscher Unterwürfigkeit, die wir nicht nachahmen wollen. Aber es gibt auch den zerstörerischen Hochmut und die Selbstherrlichkeit, die jede Gemeinschaft zersetzen und in der Gewalt enden. Lernen wir von Christus die rechte Demut, die der Wahrheit unseres Seins entspricht, und jenen Gehorsam, der sich der Wahrheit, dem Willen Gottes beugt? »Heilige sie in der Wahrheit; dein Wort ist Wahrheit«: Dieses Wort der Einsetzung ins Priestertum leuchtet in unser Leben hinein und ruft uns, immer neu Jünger der Wahrheit zu werden, die sich in Gottes Wort öffnet.

Wir dürfen in der Auslegung dieses Satzes noch einen Schritt weitergehen. Hat nicht Christus von sich selbst gesagt: »Ich bin die Wahrheit« (vgl. *Joh* 14,6)? Und ist er nicht selbst das lebendige Wort Gottes, auf das alle einzelnen Wörter verweisen? Heilige sie in der Wahrheit – das heißt dann zutiefst: Einige sie mit mir – Christus. Binde sie an mich. Ziehe sie hinein in mich. Und in der Tat: Es gibt letztlich nur *einen* Priester des Neuen Bundes, Jesus Christus selbst. Und das Priestertum der Jünger kann daher nur Teilhabe an Jesu Priestertum sein. Unser Priestersein ist daher nichts anderes als eine neue, radikale Weise der Einigung mit Christus. Seinsmäßig ist sie uns im Sakrament für immer geschenkt. Aber dieses neue Siegel des Seins kann uns zum Gericht werden, wenn nicht unser Leben in die Wahrheit des Sakraments hineinwächst. Das Weiheversprechen, das wir [Priester] heute [in der Chrisammesse] wiederholen, sagt dazu, daß unser Wille darauf gerichtet sein muß, *Domino Iesu arctius coniungi et conformari, vobismetipsis abrenuntiantes.* Das Einswerden mit

Christus setzt Verzicht voraus. Es schließt ein, daß wir nicht unseren Weg und unseren Willen durchsetzen wollen. Nicht dies oder jenes werden möchten, sondern uns ihm überlassen, wo und wie er uns brauchen will. »Ich lebe, doch nicht mehr ich, sondern Christus lebt in mir«, hat der heilige Paulus dazu gesagt (vgl. *Gal* 2,20). Im Ja der Priesterweihe haben wir diesen grundlegenden Verzicht auf das Selber-sein-Wollen, auf das Sich-selbst-Verwirklichen vollzogen. Aber dieses große Ja muß in vielen kleinen Ja und in kleinen Verzichten Tag um Tag eingelöst werden. Ohne Bitterkeit und ohne Selbstbemitleidung kann dieses Ja kleiner Schritte, die zusammen das große Ja ausmachen, nur möglich werden, wenn Jesus Christus wirklich die Mitte unseres Lebens ist. Wenn wir wirklich mit ihm vertraut werden. Denn dann erleben wir mitten in Verzichten, die zunächst schmerzen mögen, die wachsende Freude der Freundschaft mit ihm, all die kleinen und manchmal auch großen Zeichen seiner Liebe, die er uns fortwährend schenkt. »Wer sich verliert, findet sich.« Wenn wir es wagen, uns für den Herrn zu verlieren, erfahren wir, wie wahr sein Wort ist.

In die Wahrheit, in Christus eingetaucht werden, dazu gehört das Beten, in dem wir Freundschaft mit ihm einüben, in dem wir ihn auch kennenlernen – seine Weise des Seins, des Denkens, des Tuns. Beten ist persönliche Weggemeinschaft mit Christus, in dem wir unseren Alltag, unser Gelingen und unser Scheitern, unsere Mühsale und Freuden vor ihm ausbreiten – ganz einfach uns selbst vor ihn hinstellen. Aber damit daraus nicht Selbstbespiegelung wird, ist es wichtig, daß wir immer wieder beten lernen im Mitbeten mit der Kirche. Eucharistie feiern heißt beten. Wir feiern die Eucharistie recht, wenn wir mit unserem Denken und Sein in die Worte eintreten, die uns die Kirche vorgibt. In ihnen ist das Beten aller Generationen anwesend. Sie alle nehmen uns mit auf den Weg zum Herrn. Und als Priester sind wir in der Eucharistie die Vorbeter der Gläubigen von heute. Wenn wir mit diesen Gebetsworten inwendig eins sind, wenn wir uns von ihnen führen und umformen lassen, dann finden auch die Gläubigen in diese Worte hinein. Dann werden wir alle wirklich »ein Leib und ein Geist« mit Christus.

In die Wahrheit eingetaucht werden und so in die Heiligkeit Gottes – das bedeutet auch, daß wir den Ernst der Wahrheit annehmen. Daß wir uns im Großen und Kleinen der Lüge entgegenstellen, die auf so vielfältige Weise in der Welt anwesend ist. Daß wir die Mühsal der Wahrheit annehmen, damit ihre tiefere Freude in uns gegenwärtig ist. Wenn wir vom Geheiligtwerden in der Wahrheit sprechen, dann vergessen wir auch nicht, daß in Jesus Christus Wahrheit und Liebe eins sind. Eingetauchtwerden in ihn ist Eingetauchtwerden in seine Güte, in die wahre Liebe. Die wahre Liebe ist nicht billig, sie kann auch streng sein. Sie leistet dem Bösen Widerstand, um dem Menschen das wirklich Gute zu bringen. Wenn wir mit Christus eins werden, dann lernen wir, ihn gerade in den Leidenden, in den Armen, in den Kleinen dieser Welt zu erkennen; dann werden wir Dienende, die seine Brüder und Schwestern erkennen und in ihnen ihm selbst begegnen.

»Heilige sie in der Wahrheit« – das ist das eine Wort Jesu. Aber dann sagt er noch: »Ich heilige mich, damit sie in Wahrheit – wirklich – geheiligt sind.« Ich denke, dieses zweite Wort habe seine eigene Bedeutung. Es gibt ja in den Religionen der Welt vielfältige rituelle Weisen der Heiligung, der Weihung eines Menschen. Aber all diese Riten können bloße Form bleiben. Christus bittet für die Jünger um die wirkliche Heiligung, die ihr Sein, sie selbst verwandelt, die nicht rituelle Form bleibt, sondern wirkliche Übereignung an Gott selber wird. Wir könnten auch sagen: Christus hat uns das Sakrament erbetet, das uns in der Tiefe unseres Seins trifft. Aber er hat auch darum gebetet, daß diese Verwandlung in uns täglich Leben wird. Daß wir wirklich in unserem Alltag, in unseren täglichen Lebensvollzügen von Gottes Licht durchdrungen werden.

Am Vorabend meiner Priesterweihe vor 58 Jahren habe ich die Heilige Schrift aufgeschlagen, weil ich noch ein Wort des Herrn für diesen Tag und für meinen kommenden Weg als Priester empfangen wollte. Mein Blick fiel auf diese Stelle: »Heilige sie in der Wahrheit; dein Wort ist Wahrheit.« Da wußte ich: Der Herr spricht von mir, und er spricht zu mir. Genau dies wird morgen an mir geschehen. Wir werden letztlich nicht durch Riten geweiht, auch wenn es des Ritus bedarf. Das Bad, in das uns der Herr eintaucht, ist er selbst – die Wahrheit in Person. Priesterweihe heißt: Eingetauchtwerden in ihn, in die Wahrheit. Ich gehöre auf neue Weise ihm und so den anderen, »damit sein Reich komme«. [...] bitten wir in dieser Stunde der Weiheerneuerung den Herrn, daß er uns zu Menschen der Wahrheit macht, zu Menschen der Liebe, zu Gottesmenschen. Bitten wir ihn, daß er uns immer mehr in sich hineinzieht, damit wir wahrhaft Priester des Neuen Bundes werden.

»Er schenkt uns seine Gewänder«

*Die königlichen Kleider des Liturgen**

Der russische Schriftsteller Tolstoi erzählt in einer kleinen Geschichte von einem strengen Herrscher, der von seinen Priestern und Weisen verlangte, daß sie ihm Gott zeigten, so daß er ihn sehen könne. Die Weisen vermochten ihm diesen Wunsch nicht zu erfüllen. Aber da bot sich ein gerade vom Feld kommender Hirte an, die Aufgabe der Priester und Weisen zu übernehmen. Der König lernte, daß seine Augen nicht ausreichten, Gott zu sehen. Aber nun wollte er wenigstens wissen: was Gott denn tut. Damit ich dir darauf antworten kann – so sagte der Hirte zum Herrscher – müssen wir die Kleider tauschen. Zögernd, aber doch von der Neugier nach der erwarteten Auskunft getrieben, willigte der Herrscher ein, übergab dem Bauern seine königlichen Kleider und ließ sich selber in den einfachen Rock des armen Mannes kleiden. Und nun kam die Antwort: Das

---

* Aus der Predigt in der Chrisammesse 2007

tut Gott. In der Tat – Gottes Sohn, wahrer Gott vom wahren Gott, hat seinen göttlichen Glanz verlassen: »Er entäußerte sich und wurde wie ein Sklave, den Menschen gleich. Sein Leben war das eines Menschen – bis zum Tod am Kreuz« (*Phil* 2,6 f.). Gott hat – wie die Väter sagen – das *sacrum commercium*, den heiligen Tausch vollzogen: das unsere angenommen, damit wir das Seinige empfangen können, gottgleich werden. Der hl. Paulus gebraucht für das, was in der Taufe geschieht, ganz ausdrücklich das Bild vom Gewand: »Ihr, die ihr auf Christus getauft seid, habt Christus angezogen« (*Gal* 3,27). Das geschieht in der Taufe: Wir ziehen Christus an, er schenkt uns seine Gewänder, und die sind keine Äußerlichkeit. Sie bedeuten, daß wir in Seinsgemeinschaft mit ihm treten, daß seine und unsere Existenz ineinander übergehen, sich gegenseitig durchdringen. »Ich lebe, aber nicht mehr ich, sondern Christus lebt in mir«, so beschreibt Paulus selber im *Brief an die Galater* das Geschehnis seiner Taufe (2,20). Christus hat unsere Gewänder angezogen: den Schmerz und die Freude des Menschseins, den Hunger, den Durst, die Müdigkeit, die Hoffnungen und Enttäuschungen, die Angst vor dem Sterben, all unsere Not bis in den Tod hinein. Und er hat uns seine »Kleider« gegeben. Was Paulus im Galaterbrief als das einfache »Ist« der Taufe beschreibt – das Geschenk des neuen Seins –, das zeigt er uns im Epheserbrief als beständigen Auftrag: »Legt den alten Menschen ab (...) Ändert euer früheres Verhalten (...)! Zieht den neuen Menschen an, der nach dem Bild Gottes geschaffen ist in wahrer Gerechtigkeit und Heiligkeit. Legt deshalb die Lüge ab, und redet untereinander die Wahrheit, denn wir sind als Glieder miteinander verbunden. Laßt euch durch den Zorn nicht zur Sünde hinreißen« (*Eph* 4,22–26).

Diese Theologie der Taufe kehrt auf neue Weise, mit neuer Eindringlichkeit zurück in der Priesterweihe. Wie in der Taufe ein »Kleidertausch«, ein Schicksalstausch, eine neue Seinsgemeinschaft mit Christus geschenkt wird, so bedeutet Priestertum, daß der Priester nun bei der Spendung der Sakramente *in persona Christi* handelt und spricht. Er steht bei den heiligen Geheimnissen nicht für sich selbst und redet nicht aus sich selbst, sondern für den anderen – für Christus. In den Sakramenten wird dabei nur ganz dramatisch sichtbar, was Priestersein überhaupt bedeutet; was wir mit unserem *Adsum* »Ich bin bereit« bei der Priesterweihe ausgedrückt haben: Ich bin da, damit du über mich verfügen kannst. Wir stellen uns dem zur Verfügung, »der für uns alle gestorben ist, damit wir, die wir leben, nicht mehr für uns selber leben ...« (*2 Kor* 5,15). Sich Christus zur Verfügung stellen bedeutet, daß wir uns in sein »für alle« hineinziehen lassen: Mit ihm seiend können wir wirklich »für alle« da sein.

In persona Christi – im Augenblick der Priesterweihe hat uns die Kirche diese Realität der »neuen Gewänder« dadurch auch äußerlich sichtbar und greifbar gemacht, daß wir neu eingekleidet wurden, mit den liturgischen Gewändern. In dieser äußeren Gebärde will sie uns den inneren Vorgang und seinen Auftrag an uns deutlich machen: Christus anziehen; sich ihm zu eigen geben, wie er sich uns zugeeignet hat. Dieser Vorgang, das »Anziehen Christi«, wird bei jeder heiligen Messe durch die Bekleidung mit den liturgischen Gewändern immer wieder dargestellt. Sie anzulegen soll mehr als eine Äußerlichkeit sein: Es ist das immer neue Eintreten in das Ja unseres Auftrags – in das »Ich, doch nicht mehr ich« der Taufe, das die Priesterweihe uns in neuer Weise zugleich schenkt und abverlangt. Daß wir in den liturgischen Gewändern am Altar stehen, soll uns und den Anwesenden auch sinnfällig sichtbar machen, daß wir »in der Person eines anderen« dastehen. Die priesterlichen Gewänder, wie sie sich im Lauf der Zeit entwickelt haben, sind ein tiefgehender symbolischer Ausdruck für das, was Priestertum bedeutet. So möchte ich, liebe Mitbrüder, an diesem Gründonnerstag das Wesen unseres priesterlichen Dienstes auslegen, indem ich die liturgischen Gewänder ausdeute, die ja ihrerseits darstellen wollen, was es heißt, »Christus anziehen«, in persona Christi reden und handeln.

Das Anlegen der priesterlichen Gewänder war früher von Gebeten begleitet, die uns helfen, die einzelnen Elemente des priesterlichen Dienstes tiefer zu verstehen. Beginnen wir mit dem *Schultertuch*. Es wurde früher – wie jetzt noch in den Mönchsorden – als eine Art Kapuze über den Kopf gezogen und wurde so ein Sinnbild für die Zucht der Sinne und des Denkens, die für eine rechte Feier der heiligen Messe nötig ist. Die Gedanken sollen nicht da und dort zu den Sorgen und Erwartungen meines Alltags herumlaufen; die Sinne nicht von dem umgetrieben werden, was da zufällig im Kirchenraum Augen und Ohren beschlagnahmen will. Mein Herz soll hörsam sein auf das Wort Gottes hin, gesammelt in das Beten der Kirche hinein, so daß mein Denken seine Richtung von den Worten der Verkündigung und des Gebetes her empfängt. Und der Blick meines Herzens soll auf den Herrn hingehen, der in unserer Mitte ist: Das ist *ars celebrandi* – rechte Weise des Feierns. Wenn ich beim Herrn bin, dann ziehe ich mit meinem Hören, Sprechen und Handeln auch die Menschen in die Gemeinschaft mit ihm hinein.

Die Gebetstexte, die *Albe* und *Stola* ausdeuten, gehen beide in die gleiche Richtung. Sie erinnern an das Festgewand, das dem zerlumpt und beschmutzt heimgekehrten verlorenen Sohn vom Vater geschenkt wurde. Wenn wir zur Liturgie hintreten, um in der Person Christi zu handeln, merken wir doch alle, wie weit wir von ihm entfernt sind; wieviel Schmutz es in unserem Leben gibt. Nur er selber kann uns das Festgewand schenken, uns würdig machen, Vorsteher an seinem Tisch, in seinem Dienst zu sein. So erinnern die Gebete auch an das Wort aus der Apokalypse, daß die Gewänder der 144.000 Erwählten nicht aus ihrem Eigenen heraus gotteswürdig waren. Die Apokalypse sagt dazu, daß sie ihre Gewänder im Blut des Lammes gewaschen haben und daß sie so weiß, lichtförmig geworden sind (*Apk* 7,14). Schon früh habe ich mich da gefragt: Wenn man etwas im Blut wäscht, da wird es doch nicht weiß? Die Antwort lautet: Das »Blut des Lammes« ist die Liebe des gekreuzigten Christus. Diese Liebe ist es, die unsere schmutzigen Gewänder weiß macht; unseren dunklen Geist wahr und hell werden läßt; uns selber mit all unserer Finsternis zu »Licht im Herrn« macht. Wenn wir die Albe anziehen, sollten wir daran denken: Er hat auch für mich gelitten. Und nur weil seine Liebe größer ist als all meine Sünden, kann ich für ihn stehen und Zeuge seines Lichts sein.

Aber wir dürfen bei dem Gewand des Lichts, das der Herr uns in der Taufe und auf neue Weise in der Priesterweihe geschenkt hat, auch an das hochzeitliche Gewand denken, von dem er uns im Gleichnis vom Festmahl Gottes spricht. In den Homilien Gregors des Großen habe ich dazu eine bemerkenswerte Erwägung gefunden. Gregor unterscheidet zwischen der Lukas- und der Matthäusfassung des Gleichnisses. Er ist zu der Überzeugung gekommen, daß die lukanische Parabel vom festlichen Hochzeitsmahl der Ewigkeit spricht, während nach ihm die von Matthäus überlieferte Version von der Vorwegnahme dieses Hochzeitsmahls in der Liturgie und im Leben der Kirche handelt. Denn bei Matthäus und nur bei Matthäus kommt in den gefüllten Saal der König, um seine Gäste zu sehen. Da findet er in dieser Schar auch einen ohne hochzeitliches Gewand, der in die Finsternis draußen hinausgeworfen wird. Nun fragt Gregor: Was ist denn das für ein Gewand, das ihm fehlte? Alle, die in der Kirche versammelt sind, haben das neue Gewand der Taufe und des Glaubens empfangen. Sonst wären sie ja nicht in der Kirche. Was fehlt da noch? Welches Hochzeitsgewand muß noch dazukommen? Der Papst antwortet: das Gewand der Liebe. Und leider findet der König unter seinen Gästen, denen er das neue Gewand, das weiße Kleid der Wiedergeburt geschenkt hatte, solche, die das Purpurgewand der doppelten Liebe zu Gott und dem Nächsten nicht tragen. »In welchem Zustand wollen wir zum Fest des Himmels treten, wenn wir das Hochzeitsgewand nicht tragen – die Liebe nämlich, die allein uns schön machen könnte?« fragt er. Ein Mensch ohne die Liebe ist inwendig dunkel. Das äußere Dunkel, von dem das Evangelium spricht, ist nur die Entsprechung zu dieser inneren Erblindung des Herzens (*Hom.* 38,8–13). Wenn wir jetzt zur heiligen Messe hinzutreten, sollten wir uns fragen, ob wir dieses Hochzeitsgewand der Liebe tragen. Wir bitten den Herrn, daß er alle Feindseligkeit aus uns vertreibe, alle Selbstgerechtigkeit von uns nehme und uns wahrhaft in das Gewand der Liebe kleide, damit wir helle Menschen seien und nicht dem Dunkel zugehören.

Schließlich noch ein kurzes Wort zur *Casula*. Das traditionelle Gebet beim Anlegen der Casel sieht in ihr das Joch des Herrn dargestellt, das uns als Priestern aufgelegt wird. Und es erinnert dabei an das Wort Jesu, der uns einlädt, sein Joch zu tragen und von ihm zu lernen, »denn ich bin gütig und von Herzen demütig« (*Mt* 11,29). Das Joch des Herrn tragen heißt also zuallererst: von ihm lernen. Immer bereit sein, in seine Schule zu gehen. Von ihm sollen wir seine Güte und Demut lernen – die Demut Gottes, die sich in seinem Menschsein zeigt. Der hl. Gregor von Nazianz hat sich einmal gefragt: Warum eigentlich wollte Gott Mensch werden? Der wichtigste, für mich bewegendste Teil seiner Antwort lautet: »Gott wollte sich Rechenschaft darüber geben, was der Gehorsam für uns bedeutet und alles an seinem Leiden messen, dieser Erfindung seiner Liebe. Er kann so das, was wir empfinden, durch sich selbst kennenlernen – wieviel von uns verlangt wird, wieviel Nachsicht wir verdienen, indem er nach seinem Leiden unsere Schwäche berechnet« (33. Rede, 4. theologische Rede, 6). Manchmal möchten wir wohl zu Jesus sagen: Herr, dein Joch ist gar nicht leicht. Es ist sogar furchtbar schwer in dieser Welt. Aber wenn wir dann auf ihn hinschauen, der alles getragen hat – der selbst den

Gehorsam, die Schwachheit, den Schmerz, alles Dunkle erprobt hat, dann verstummen diese unsere Klagen. Sein Joch ist es, mit ihm zu lieben. Und je mehr wir ihn lieben und mit ihm Liebende werden, desto leichter wird uns sein scheinbar schweres Joch werden.

Bitten wir ihn, daß er uns hilft, mit ihm Liebende zu werden und so immer mehr zu erfahren, wie schön es ist, sein Joch zu tragen.

»Das Öl der Freude«

*Vom Geheimnis eines heiligen Zeichens**

Das Zentrum des Gottesdienstes der Kirche ist das Sakrament. Sakrament bedeutet, daß zuallererst nicht wir Menschen etwas tun, sondern daß Gott uns im voraus mit seinem Handeln entgegengeht, uns ansieht und zu sich hinführt. Und da ist noch einmal etwas Besonderes: Gott rührt uns an durch materielle Wirklichkeiten, durch Gaben der Schöpfung hindurch, die er in seinen Dienst nimmt, zu Instrumenten der Begegnung zwischen uns und sich selber macht. Es sind vier Elemente der Schöpfung, aus denen der Kosmos der Sakramente gebaut ist: das Wasser, das Weizenbrot, der Wein und das Olivenöl. Das Wasser als das Grundelement und die Grundbedingung allen Lebens ist das wesentliche Zeichen der Christwerdung in der Taufe, der Geburt ins neue Leben hinein. Während das Wasser das Lebenselement überhaupt ist und so den gemeinsa-

---

* Aus der Predigt in der Chrisammesse 2010

men Zugang aller zur neuen Geburt ins Christsein hinein darstellt, gehören die drei anderen
Elemente der Kultur des Mittelmeerraums an. Sie
verweisen so auf den konkreten geschichtlichen
Raum, in dem das Christentum geworden ist.
Gott hat an einer ganz bestimmten Stelle der Erde
gehandelt, wirklich Geschichte mit den Menschen
gemacht. Diese drei Elemente sind einerseits Gaben der Schöpfung und andererseits doch auch
Ortsbezeichnungen der Geschichte Gottes mit
uns. Sie sind eine Synthese von Schöpfung und
Geschichte: Gaben Gottes, die uns immer an jene
Orte der Welt knüpfen, in denen Gott mit uns in
der Zeit der Geschichte handeln, einer von uns
werden wollte.

In diesen drei Elementen gibt es wieder eine
Stufung. Das Brot verweist auf den Alltag. Es ist
die grundlegende Gabe des Lebens Tag um Tag.
Der Wein verweist auf das Fest, auf die Köst-
lichkeit der Schöpfung, in der sich zugleich auf
besondere Weise die Freude der Erlösten ausdrücken kann. Das Öl des Olivenbaumes hat
umfassende Bedeutung. Es ist Nahrung, es ist
Medizin, es gibt Schönheit, es rüstet zum Kampf
und gibt Stärke. Die Könige und die Priester werden mit Öl gesalbt, das so Zeichen von Würde
und Verantwortung wie auch der Kraft von Gott

her ist. In unserem Namen »Christen« ist das Geheimnis des Öls anwesend. Denn das Wort »Christen«, mit dem die Jünger Christi schon zu Beginn des Heidenchristentums benannt werden (vgl. *Apg* 11,20 f.), ist von dem Wort Christus her genommen – der griechischen Übersetzung des Wortes Messias, das »der Gesalbte« bedeutet. Christsein heißt: Von Christus herkommen, zu Christus gehören, zu dem Gesalbten Gottes, zu dem, dem Gott das Königtum und das Priestertum geschenkt hat. Zu dem, den Gott selbst gesalbt hat – nicht mit materiellem Öl, sondern mit dem, wofür das Öl steht: mit seinem Heiligen Geist. Das Öl der Olive ist so in ganz besonderer Weise Symbol für das Durchdrungensein des Menschen Jesus mit dem Heiligen Geist.

In der Chrisammesse des Gründonnerstags stehen die heiligen Öle im Mittelpunkt der liturgischen Handlung. Sie werden in der Kathedrale vom Bischof geweiht für das ganze Jahr. So drücken sie auch die Einheit der Kirche aus, die durch das Bischofsamt gewährleistet wird und verweisen auf Christus, den wahren »Hirten und Bischof unserer Seelen«, wie der heilige Petrus ihn nennt (*1 Petr* 2,25). Und sie halten zugleich das ganze liturgische Jahr zusammen, verankert im Geheimnis des Gründonnerstags. Endlich verweisen sie auf den Ölgarten, in dem Jesus sein Leiden von innen her angenommen hat. Der Ölgarten ist aber auch der Ort, von wo aus er zum Vater aufgestiegen ist und so der Ort der Erlösung: Gott hat Jesus nicht im Tod gelassen. Jesus lebt für immer beim Vater und ist eben deshalb allgegenwärtig, immer bei uns. Dieses doppelte Geheimnis des Ölbergs ist immer mit anwesend im sakramentalen Öl der Kirche. In vier Sakramenten ist das Öl Zeichen der Güte Gottes, die uns anrührt: in der Taufe, in der Firmung als dem Sakrament des Heiligen Geistes, in den verschiedenen Stufen des Weihesakraments und schließlich in der Krankensalbung, in der das Öl uns gleichsam als Medizin Gottes angeboten wird – als die Medizin, die uns jetzt seiner Güte versichert, uns stärken und trösten soll, die aber zugleich über den Augenblick der Krankheit hinaus auf die endgültige Heilung verweist, auf die Auferstehung (vgl. *Jak* 5,14). So begleitet das Öl in seinen verschiedenen Formen uns das ganze Leben hindurch: vom Katechumenat und der Taufe angefangen bis in den Augenblick, da wir uns auf die Begegnung mit dem richtenden und rettenden Gott bereiten. Die Chrisammesse, in der uns das sakramentale Zeichen des Öls als Schöpfungssprache Gottes vor Augen gestellt wird, spricht schließlich in besonderer Weise uns Priester an: Sie spricht uns von Christus, den Gott zum König und zum Priester gesalbt hat – von Ihm, der uns an seinem Priestertum, an seiner »Salbung« teilhaben läßt in unserer Weihe zum Priestertum.

So möchte ich versuchen, das Geheimnis dieses heiligen Zeichens nun noch kurz in seiner wesentlichen Beziehung zur priesterlichen Berufung auszulegen. In volkstümlichen Etymologien hat man schon im Altertum das griechische Wort *Elaion* – Öl – mit dem Wort *Eleos* – Erbarmen – in Verbindung gebracht. In der Tat: Das geweihte Öl ist in den verschiedenen Sakramenten immer Zeichen der Barmherzigkeit Gottes. Die Salbung zum Priestertum bedeutet daher immer auch den Auftrag, das Erbarmen Gottes zu den Menschen zu bringen. In der Ampel unseres Lebens sollte das Öl des Erbarmens nie ausgehen. Holen wir es uns immer rechtzeitig beim Herrn – in der Begegnung mit seinem Wort, im Empfangen der Sakramente, im betenden Verweilen bei ihm.

Durch die Geschichte von der Taube mit dem Ölzweig, die das Ende der Flut und so den neuen Frieden Gottes mit der Welt der Menschen verkündete, ist nicht nur die Taube, sondern auch der Ölzweig und das Öl selber zum Symbol des Friedens geworden. Die Christen der ersten Jahrhunderte liebten es, die Grabstätten ihrer Toten mit Siegeskranz und Olivenzweig, dem Symbol des Friedens, zu schmücken. Sie wußten, daß Christus den Tod besiegt hat und daß ihre Toten im Frieden Christi ruhten. Daß sie selber von Christus erwartet wurden, der ihnen seinen Frieden verheißen hatte, den die Welt nicht geben kann. Sie erinnerten sich daran, daß das erste Wort des Auferstandenen an die Seinen lautete: Friede sei mit euch (*Joh* 20,19). Er selbst bringt gleichsam den Ölzweig, trägt seinen Frieden in die Welt herein. Er verkündet Gottes rettende Güte. Er ist unser Friede. So sollten Christen Menschen des Friedens sein, die das Geheimnis des Kreuzes als Geheimnis der Versöhnung erkennen und leben. Christus siegt nicht durch das Schwert, sondern durch das Kreuz. Er siegt, indem er den Haß überwindet. Er siegt durch die Kraft seiner größeren Liebe. Das Kreuz Christi drückt das Nein zur Gewalt aus. Und gerade so ist es das Siegeszeichen Gottes, das den neuen Weg Jesu verkündigt. Der Leidende war stärker als die Inhaber der Gewalt. In der Hingabe am Kreuz hat Christus die Gewalt besiegt. Als Priester sind wir berufen, in der Gemeinschaft mit

Jesus Christus Menschen des Friedens zu sein, der Gewalt entgegenzustehen und der größeren Macht der Liebe zu vertrauen.

Zur Symbolik des Öls gehört es auch, daß es stark macht zum Kampf. Das steht nicht gegen das Thema Friede, sondern ist ein Teil davon. Der Kampf der Christen bestand und besteht nicht im Gebrauch der Gewalt, sondern darin, daß sie für das Gute, für Gott zu leiden bereit waren und sind. Er besteht darin, daß die Christen sich als gute Staatsbürger an das Recht halten, das Rechte und das Gute tun. Er besteht darin, daß sie nicht tun, was in den geltenden Rechtsordnungen nicht Recht, sondern Unrecht ist. Der Kampf der Märtyrer bestand in ihrem konkreten Nein zum Unrecht: Indem sie sich dem Götzenkult, der Anbetung des Kaisers versagten, haben sie sich geweigert, sich vor der Unwahrheit zu beugen, vor der Anbetung von Menschen und ihrer Macht. Sie haben mit dem Nein zur Unwahrheit und zu allen ihren Folgen die Macht des Rechts und der Wahrheit aufgerichtet. So haben sie dem wirklichen Frieden gedient. Auch heute ist es für Christen wichtig, dem Recht zu folgen, das die Grundlage des Friedens ist. Auch heute ist es für Christen wichtig, Unrecht, das zu Recht erhoben wird, nicht anzunehmen – etwa wenn es um die Tötung unschuldiger ungeborener Kinder geht. Gerade so dienen wir dem Frieden, und gerade so sind wir auf der Spur Jesu Christi, von dem der hl. Petrus sagt: »Er wurde geschmäht, schmähte aber nicht; er litt, drohte aber nicht, sondern überließ seine Sache dem gerechten Richter. Er hat unsere Sünden mit seinem Leib auf das Holz des Kreuzes getragen, damit wir tot seien für die Sünde und für die Gerechtigkeit leben« (*1 Petr* 2,23 f.).

Die Kirchenväter waren fasziniert von einem Wort aus *Psalm* 45 (44) – nach der Überlieferung der Hochzeitspsalm Salomons, der von den Christen neu gelesen wurde als der Hochzeitspsalm des neuen Salomon Jesus Christus mit seiner Kirche. Da wird dem König – Christus – gesagt: »Du liebst das Recht und haßt das Unrecht, darum hat Gott, dein Gott, dich gesalbt mit dem Öl der Freude wie keinen deiner Gefährten« (v. 8). Was ist das – das Öl der Freude, mit dem der wahre König, Christus, gesalbt wurde? Die Kirchenväter hatten keinen Zweifel darüber: Das Öl der Freude ist der Heilige Geist selbst, der ausgegossen ist über Jesus Christus. Der Heilige Geist ist die von Gott kommende Freude. Von Jesus strömt diese Freude auf uns über in seinem Evangelium, in der frohen Botschaft, daß Gott uns kennt, daß er gut ist, daß seine Güte Macht ist über allen Mächten. Daß wir gewollt und geliebt sind von ihm. Die Freude ist Frucht der Liebe. Das Öl der Freude, das über Christus ausgegossen ist und von ihm zu uns kommt, ist der Heilige Geist, die Gabe der Liebe, die uns des Seins froh werden läßt. Weil wir Christus und in Christus den wahren Gott kennen, wissen wir, daß es gut ist, ein Mensch zu sein. Es ist gut zu leben, weil wir geliebt sind. Weil die Wahrheit selbst gut ist.

In der alten Kirche ist das geweihte Öl in besonderer Weise als Zeichen für die Gegenwart des Heiligen Geistes angesehen worden, der sich uns von Christus her mitteilt. Er ist das Öl der Freude. Diese Freude ist etwas anderes als der Spaß oder die äußere Lustigkeit, die sich die moderne Gesellschaft wünscht. Spaß ist an seinem rechten Ort durchaus etwas Gutes und Erfreuliches. Lachen zu können, ist gut. Aber Spaß ist nicht alles. Er ist nur ein kleiner Teil unseres Lebens, und wo er das Ganze sein will, wird er zur Maske, hinter der sich die Verzweiflung verbirgt oder doch mindestens der Zweifel, ob das Leben wirklich gut ist, ob es nicht besser wäre, nicht zu sein als zu sein. Die Freude, die von Christus auf uns zukommt, ist anders. Sie gibt uns Fröhlichkeit, ja, aber sie kann sehr wohl auch mit dem

Leid zusammengehen. Sie gibt uns die Fähigkeit zu leiden und im Leiden doch zuinnerst froh zu bleiben. Sie gibt uns die Fähigkeit, das Leiden anderer mitzutragen und so im Füreinandersein das Licht und die Güte Gottes spürbar zu machen. Mir gibt immer die Erzählung in der Apostelgeschichte zu denken, daß die Apostel, nachdem der Hohe Rat sie hatte auspeitschen lassen, »sich freuten, daß sie gewürdigt worden waren, für seinen Namen Schmach zu erleiden« (*Apg* 5,41). Wer liebt, ist bereit, für den Geliebten und um seiner Liebe willen zu leiden und erfährt gerade so eine tiefere Freude. Die Freude der Märtyrer war stärker als die Qualen, die ihnen angetan wurden. Diese Freude hat letztlich gesiegt und Christus die Tore der Geschichte geöffnet. Als Priester sind wir, wie der heilige Paulus sagt, »Diener eurer Freude« (*2 Kor* 1,24). In der Frucht des Ölbaums, im geweihten Öl rührt uns die Güte des Schöpfers, die Liebe des Erlösers an. Bitten wir darum, daß seine Freude uns immer tiefer durchdringt und daß wir sie neu hineinzutragen vermögen in eine Welt, die der aus der Wahrheit kommenden Freude so dringend bedarf.

GRÜNDONNERSTAG

»Immer neu unsere schmutzigen Füße«

Prophetische Zeichenhandlung am Gründonnerstag[*]

Der hl. Johannes beginnt seinen Bericht darüber, wie Jesus seinen Jüngern die Füße wäscht, in einer eigentümlich feierlichen, geradezu liturgischen Sprache. »Es war vor dem Paschafest. Jesus wußte, daß seine Stunde gekommen war, um aus dieser Welt zum Vater hinüberzugehen. Da er die Seinen, die in der Welt waren, liebte, liebte er sie bis zur Vollendung« (*Joh* 13,1). Die »Stunde« Jesu, auf die sein Wirken von Anfang an zugegangen war, ist gekommen. Was Inhalt dieser Stunde ist, beschreibt Johannes mit zwei Wörtern: Übergang (*metabainein, Metabasis*) und *Agape* – Liebe. Beide Wörter deuten sich gegenseitig; beide beschreiben zusammen das Pascha Jesu: Kreuz und Auferstehung, Kreuzigung als Erhöhung, als Übergang in die Herrlichkeit Gottes, als »Hinübergehen« aus der Welt zum Vater. Es ist nicht

---

[*] Aus der Predigt am Gründonnerstag 2008

so, als ob Jesus nach einem kurzen Besuch auf der
Welt nun einfach wieder weggehen und zum Vater zurückkehren würde. Das Hinübergehen ist
eine Verwandlung. Er nimmt sein Fleisch, sein
Menschsein mit. Im Kreuz, in der Hingabe seiner
selbst wird er umgeschmolzen in eine neue Weise des Seins, in der er nun immer zugleich beim
Vater und bei den Menschen ist. Das Kreuz, den
Akt der Tötung wandelt er um in einen Akt der
Hingabe, der Liebe bis ans Ende. Johannes weist
mit diesem Wort »bis ans Ende« voraus auf das
letzte Wort Jesu am Kreuz: Es ist vollendet, voll-
bracht (19,30). Durch seine Liebe wird das Kreuz
zur *Metabasis*, zur Verwandlung des Menschseins
in das Mitsein mit Gottes Herrlichkeit. In diese
Verwandlung, in die verwandelnde Kraft seiner
Liebe zieht er uns alle hinein, so daß im Mitsein
mit ihm unser Leben »Übergang«, Verwandlung
wird. So empfangen wir Erlösung – das Zugehören zur ewigen Liebe, auf das wir mit unserer ganzen Existenz warten.

Dieser wesentliche Vorgang der Stunde Jesu
wird in der Fußwaschung in einer Art prophe-
tischer Zeichenhandlung dargestellt. In der
Fußwaschung tut Jesus anschaulich, in einer
konkreten Geste genau das, was der große Chri-
stushymnus des Philipperbriefes als Inhalt des

Geheimnisses Christi beschreibt. Jesus legt das Gewand seiner Herrlichkeit ab, er umgürtet sich mit dem »Linnentuch« des Menschseins und macht sich zum Sklaven. Er wäscht die schmutzigen Füße der Jünger und macht sie so tischfähig für das Gottesmahl, zu dem er sie lädt. An die Stelle der äußeren kultischen Reinigungen, die den Menschen rituell rein machen und doch lassen, wie er ist, tritt das neue Bad: Er macht uns rein durch sein Wort und durch seine Liebe, durch die Gabe seiner selbst. »Ihr seid rein durch das Wort, das ich zu euch gesprochen habe«, wird er in der Weinstock-Rede zu seinen Jüngern sagen (*Joh* 15,3). Immer wieder wäscht er uns mit seinem Wort. Ja, wenn wir die Worte Jesu besinnlich, betend, glaubend in uns aufnehmen, entfalten sie in uns ihre reinigende Kraft. Tag um Tag werden wir mit vielerlei Schmutz, mit Phrasen, mit Vorurteilen, mit verkürzter und entstellter Weisheit geradezu überschüttet; vielerlei halbe oder offene Unwahrheit drängt immer wieder in uns herein. All das verdunkelt und verunreinigt unsere Seele, bedroht uns mit der Unfähigkeit zur Wahrheit und zum Guten. Wenn wir Jesu Worte wachen Herzens aufnehmen, sind sie wirkliche Waschungen, Reinigungen der Seele, des inneren Menschen. Dazu lädt uns das Evangelium von der Fußwaschung ein, daß wir uns immer wieder von diesem reinen Wasser waschen, tischfähig für Gott und für die Mitmenschen machen lassen. Aber aus Jesu Seite kam nach dem Lanzenstich des römischen Hauptmanns nicht nur Wasser, sondern auch Blut (19,34; vgl. *1 Joh* 5,6.8). Jesus hat nicht nur gesprochen, uns nicht nur Worte hinterlassen. Er gibt sich selbst. Er wäscht uns mit der heiligen Kraft seines Blutes, das heißt mit seiner »bis ans Ende«, bis ans Kreuz reichenden Hingabe. Sein Wort ist mehr als Rede, es ist Fleisch und Blut »für das Leben der Welt« (6,51). In den heiligen Sakramenten kniet der Herr immer wieder zu unseren Füßen und reinigt uns. Bitten wir ihn, daß wir von dem heiligen Bad seiner Liebe immer tiefer durchdrungen und so wahrhaft gereinigt werden.

Wenn wir dem Evangelium achtsam zuhören, können wir in der Begebenheit von der Fußwaschung zwei verschiedene Aspekte feststellen. Die Waschung, die Jesus seinen Jüngern schenkt, ist zunächst einfach seine Tat – Gabe der Reinheit, der Gottfähigkeit, die er ihnen schenkt. Aber die Gabe wird dann zum Beispiel, zum Auftrag, gegenseitig füreinander dasselbe zu tun. Die Väter haben diese Zweiheit der Aspekte der Fußwaschung mit den Worten *sacramentum* und *exemplum* bezeichnet. *Sacramentum* meint dabei nicht ein bestimmtes Sakrament von den sieben, sondern das Mysterium Christi als ganzes, von der Inkarnation hin zu Kreuz und Auferstehung: Dies Ganze wird zur heilenden und heiligenden Kraft, zur verwandelnden Kraft für die Menschen, wird unsere *Metabasis*, unsere Umformung in ein neues Sein hinein, in die Offenheit für Gott und in die Gemeinschaft mit ihm. Aber dieses neue Sein, das er uns einfach gibt ohne unser Verdienst, muß dann zur Dynamik neuen Lebens in uns werden. Das Miteinander von Geschenk und Beispiel, das wir im Fußwaschungs-Evangelium finden, ist charakteristisch für das Wesen des Christentums überhaupt. Christentum ist nicht eine Art Moralismus, ein bloßes ethisches System. Am Anfang steht nicht unser Tun, unsere moralische Tüchtigkeit. Christentum ist zuallererst Geschenk: Gott gibt sich uns – nicht etwas gibt er uns, sondern sich selbst. Und dies steht nicht nur am Anfang, im Augenblick der Bekehrung. Er bleibt immerfort der Schenkende. Er beschenkt uns immer wieder. Er ist uns immer voraus. Deshalb ist der zentrale Akt des Christseins Eucharistie: Dankbarkeit für das Beschenktsein, Freude über das neue Leben, das er uns gibt.

Aber dabei bleiben wir nicht passive Objekte göttlicher Güte. Gott beschenkt uns als personale, als lebendige Partner. Die geschenkte Liebe ist Dynamik des Mitliebens, will neues Leben in uns von Gott her sein. So verstehen wir das Wort, das Jesus am Ende der Fußwaschungs-Geschichte zu den Jüngern, zu uns allen sagt: »Ein neues Gebot gebe ich euch: Liebt einander! Wie ich euch geliebt habe, so sollt auch ihr einander lieben« (*Joh* 13,34). Das »neue Gebot« besteht nicht in einer neuen, schwierigeren Norm, die es vorher nicht gegeben hatte. Das Neue ist die Gabe, die uns in den Geist Christi einführt. Wenn wir dies bedenken, spüren wir, wie weit wir mit unserem Leben von diesem Neuen des Neuen Testaments oft entfernt sind; wie wenig wir der Menschheit das Beispiel des Mitliebens mit seiner Liebe geben. So bleiben wir ihr den Glaubwürdigkeitsbeweis der christlichen Wahrheit schuldig, die sich in der Liebe erweist. Um so dringlicher wollen wir den Herrn bitten, daß er uns durch seine Reinigung reif macht für das neue Gebot.

Im Evangelium von der Fußwaschung erscheint beim Gespräch Jesu mit Petrus noch ein Detail christlicher Lebenspraxis, auf das wir am Schluß noch achten wollen. Petrus hatte sich zunächst vom Herrn die Füße nicht waschen lassen wol-

len: Diese Umkehrung der Ordnung, daß der
Meister – Jesus – die Füße wäscht, daß der Herr
den Dienst eines Sklaven übernimmt, wider-
sprach seiner Ehrfurcht vor Jesus, seinem Bild
vom Verhältnis zwischen Meister und Jünger
ganz und gar. »In Ewigkeit sollst du mir nicht
die Füße waschen«, sagt er Jesus mit der bei ihm
gewohnten Leidenschaft (13,8). Seine Messias-
vorstellung ist ein Bild der Hoheit, der göttlichen
Größe. Er mußte immer neu lernen, daß Gottes
Größe anders ist, als wir uns Größe vorstellen.
Daß sie gerade im Heruntersteigen, in der Demut des Dienens, in der Radikalität der Liebe bis
zur völligen Entäußerung besteht. Und auch wir
müssen es immer wieder neu lernen, weil wir immer wieder einen Gott der Erfolge und nicht der
Passion wollen; weil wir nicht zu erkennen vermögen, daß der Hirte als Lamm kommt, das sich
gibt und uns so auf die rechte Weide führt.

Als der Herr dem Petrus sagt, daß er ohne die
Fußwaschung keinen Teil an ihm haben könne,
verlangt Petrus stürmisch danach, daß ihm auch
Kopf und Hände gewaschen werden. Darauf folgt
das geheimnisvolle Wort Jesu: »Wer gebadet ist,
ist ganz rein und braucht nur noch die Fußwaschung« (*Joh* 13,10). Jesus spielt auf ein Bad an,
das die Jünger bereits genommen hatten; zur

Tischgemeinschaft bedarf es nun nur noch der Fußwaschung. Aber natürlich verbirgt sich darin eine tiefere Bedeutung. Was ist gemeint? Wir wissen es nicht sicher. Halten wir auf jeden Fall fest, daß die Fußwaschung vom Sinn des ganzen Kapitels her kein bestimmtes einzelnes Sakrament bedeutet, sondern das *Sacramentum* Christi als ganzes – seinen Heilsdienst, seinen Abstieg bis ans Kreuz, seine bis ans Ende gehende Liebe, die uns reinigt und gottfähig macht. Aber hier, mit der Unterscheidung von Bad und Fußwaschung wird nun darüber hinaus doch eine Anspielung auf das Leben der Jüngergemeinschaft, auf das Leben der Kirche erkennbar. Es ist wohl klar, daß das Bad, das uns definitiv reinigt und keiner Wiederholung bedarf, die Taufe ist – das Eingesenktsein in Christi Tod und Auferstehung, das unser Leben von Grund auf verändert, uns gleichsam eine neue Identität gibt, die bleibt, wenn wir sie nicht wie Judas wegwerfen. Aber auch im Bleiben dieser neuen, in der Taufe geschenkten Identität brauchen wir für die Tischgemeinschaft mit Jesus die »Fußwaschung«. Was ist das? Mir scheint, daß der *Erste Johannesbrief* uns den Schlüssel zum Verstehen schenkt. Da heißt es: »Wenn wir sagen, daß wir keine Sünde haben, führen wir uns selbst in die Irre, und die

Wahrheit ist nicht in uns. Wenn wir unsere Sünden bekennen, ist er treu und gerecht; er vergibt uns die Sünden und reinigt uns von allem Unrecht« (1,8 f.). Die »Fußwaschung« von den täglichen Sünden brauchen wir, und deshalb brauchen wir das Bekenntnis der Sünden, von dem der hl. Johannes in diesem Brief spricht. Wir müssen erkennen, daß wir auch in unserer neuen Identität als Getaufte sündigen. Wir brauchen das Bekenntnis, wie es seine Gestalt im Sakrament der Versöhnung gefunden hat. In ihm wäscht uns der Herr immer neu unsere schmutzigen Füße, und wir können mit ihm zu Tische sein.

So gewinnt aber auch das Wort eine neue Bedeutung, mit dem der Herr das *sacramentum* zum *exemplum*, zum Geschenk, zum Dienst am Mitmenschen ausweitet: »Wenn nun ich, der Herr und Meister, euch die Füße gewaschen habe, dann müßt auch ihr einander die Füße waschen« (*Joh* 13,14). Wir müssen einander die Füße waschen im täglichen Dienst der Liebe füreinander. Wir müssen uns die Füße waschen aber auch in dem Sinn, daß wir einander immer wieder vergeben. Die Schuld, die der Herr uns erlassen hat, ist immer unendlich größer als alle Schulden, die andere bei uns haben können (vgl. *Mt* 18,21–35). Dazu mahnt uns der Gründonnerstag, nicht in uns den Groll über den anderen in der Tiefe zur Vergiftung der Seele werden zu lassen. Er mahnt uns, immer neu unser Gedächtnis zu reinigen, indem wir von Herzen einander vergeben, einander die Füße waschen, um uns so zusammen an den Tisch Gottes begeben zu können.

Gründonnerstag ist ein Tag des Dankes und der Freude über das große Geschenk der bis ans Ende gehenden Liebe, das der Herr uns gemacht hat. Wir wollen ihn [...] darum bitten, daß Dankbarkeit und Freude in uns zur Kraft des Mitliebens mit seiner Liebe werden.

»Ohne Lamm gefeiert«

*Das Pascha des Letzten Abendmahls**

In der Lesung aus dem Buch Exodus [...] wird uns die Paschafeier Israels geschildert [*Ex* 12,1–8.11–14], so wie sie in der mosaischen Gesetzgebung verbindliche Gestalt gefunden hatte. Am Anfang mag ein Frühlingsfest der Nomaden gestanden haben. Aber für Israel war daraus ein Fest des Gedenkens, des Dankens und zugleich der Hoffnung geworden. Im Mittelpunkt des nach festen liturgischen Regeln geordneten Paschamahles steht das Lamm als Symbol der Befreiung aus der Knechtschaft Ägyptens. Daher gehört zum Lammessen die *Pascha-Haggada*: das erzählende Erinnern daran, daß es Gott selber war, der mit »erhobener Hand« Israel befreite. Er, der Geheimnisvolle und Verborgene, hatte sich mächtiger erwiesen als der Pharao mit all seiner Gewalt, die ihm zur Verfügung stand. Israel sollte nicht vergessen, daß Gott seine Geschichte selbst in die

---

* Aus der Predigt am Gründonnerstag 2007

132

Hand genommen hatte und daß seine Geschichte immerfort auf der Gemeinschaft mit Gott aufruhte. Es sollte Gottes nicht vergessen. Das Wort des Gedenkens ist umrahmt von Worten der Lobpreisung und des Dankens aus den Psalmen. Das Danken und Preisen fand seinen Mittelpunkt in der Berakha, die griechisch *Eulogia* oder *Eucharistia* heißt: Die Preisung Gottes wird Segen für die Preisenden. Die Gott übereignete Gabe kehrt gesegnet zum Menschen zurück. All dies spannte die Brücke vom Vergangenen in die Gegenwart und in die Zukunft hinein: Noch immer war die Befreiung Israels nicht vollendet. Noch immer litt es als kleines Volk im Spannungsfeld der großen Mächte. Das dankende Erinnern an das vergangene Tun Gottes wird so zugleich Bitte und Hoffnung: Vollende, was du begonnen hast. Schenke uns die endgültige Freiheit.

Dieses Mahl Israels mit seinen vielfältigen Bedeutungen hat Jesus mit den Seinen am Abend vor seinem Leiden gefeiert. Von diesem Kontext her müssen wir sein neues Pascha verstehen, das er uns in der heiligen Eucharistie geschenkt hat. In den Berichten der Evangelisten darüber gibt es einen scheinbaren Widerspruch zwischen dem Evangelium des hl. Johannes einerseits und dem, was uns Matthäus, Markus und Lukas mitteilen

133

auf der anderen Seite. Nach Johannes ist Jesus genau in dem Augenblick am Kreuz gestorben, in dem im Tempel die Paschalämmer geopfert wurden. Sein Tod und das Lammopfer im Heiligtum fielen zusammen. Das bedeutet aber, daß er am Vorabend des Pascha gestorben ist und selbst kein Paschamahl gehalten haben kann – so scheint es jedenfalls. Nach den drei synoptischen Evangelien hingegen war Jesu letztes Mahl ein Paschamahl, in dessen überlieferten Rahmen hinein er das Neue der Gabe seines Leibes und Blutes einsenkte. Dieser Widerspruch erschien bis vor kurzem unlösbar: Die Mehrheit der Ausleger war der Meinung, Johannes habe uns nicht das wirkliche historische Datum des Todes Jesu mitteilen wollen, sondern ein symbolisches Datum gewählt, um so die tiefere Wahrheit deutlich zu machen: Jesus ist das neue, das wahre Lamm, das sein Blut für uns alle vergossen hat.

Die Schriftfunde von Qumran haben inzwischen zu einer überzeugenden Lösungsmöglichkeit geführt, die zwar noch nicht allgemein angenommen ist, aber doch eine hohe Wahrscheinlichkeit für sich hat. Johannes hat historisch genau berichtet, so dürfen wir nun sagen. Jesus hat tatsächlich am Vorabend des Pascha-Festes zur Stunde des Lammopfers sein Blut vergossen. Er hat aber wahrscheinlich mit den Jüngern Pascha nach dem Qumrankalender, also wenigstens einen Tag früher gefeiert – ohne Lamm gefeiert, wie Qumran, das den Tempel des Herodes ablehnte und auf den neuen Tempel wartete. Jesus hat Pascha gefeiert: ohne Lamm, nein, nicht ohne Lamm: An der Stelle des Lamms hat er sich selbst geschenkt, seinen Leib und sein Blut. Er hat so seinen Tod vorweggenommen gemäß seinem Wort: »Niemand entreißt mir mein Leben, sondern ich gebe es von mir aus hin« (*Joh* 10,18). In dem Augenblick, als er den Jüngern seinen Leib und sein Blut reichte, hat er diesen Satz wirklich vollzogen. Er hat sein Leben selbst gegeben. So erst erhielt das uralte Pascha seinen wahren Sinn. Der hl. Johannes Chrysostomus hat in seinen eucharistischen Katechesen einmal geschrieben: Was sagst du da, Mose? Das Blut eines Lammes reinigt Menschen? Rettet sie vor dem Tod? Wie soll das Blut eines Tieres Menschen reinigen, Menschen retten, Macht gegen den Tod sein? In der Tat – so sagt er weiter – das Lamm konnte nur eine symbolische Gebärde sein und so Ausdruck der Erwartung und der Hoffnung auf jemanden, der vermochte, was das Opfer eines Tieres nicht vermag. Jesus feierte Pascha ohne Lamm und ohne Tempel und doch nicht

135

ohne Lamm und ohne Tempel. Er selbst ist das erwartete, das wirkliche Lamm, wie es Johannes der Täufer am Anfang der Wege Jesu angekündigt hatte: »Seht, das Lamm Gottes, das die Sünde der Welt hinwegnimmt« (*Joh* 1,29). Und er ist selbst der wahre Tempel, der lebendige Tempel, in dem Gott wohnt und in dem wir Gott begegnen und ihn anbeten können. Sein Blut, die Liebe dessen, der der Sohn Gottes ist und der zugleich Mensch, einer von uns ist, kann retten. Seine Liebe rettet, in der er sich frei hingibt für uns. Die irgendwie hilflose Gebärde der Sehnsucht, die das geschlachtete, fehlerfreie, unschuldige Lamm gewesen war, hat Antwort gefunden in dem, der für uns Lamm und Tempel zugleich geworden ist.

So stand im Mittelpunkt von Jesu neuem Pascha das Kreuz. Von ihm her kam die neue Gabe, die er schenkte. Immer bleibt es so in der heiligen Eucharistie, in der wir mit den Aposteln die Zeiten hindurch das neue Pascha feiern dürfen. Vom Kreuz Christi her kommt die Gabe. »Niemand entreißt mir mein Leben. Ich gebe es selber hin.« Er gibt es uns jetzt. Die Pascha-Haggada, das Gedenken an die rettende Tat Gottes, ist zum Gedächtnis (*Memoria*) von Kreuz und Auferstehung Christi geworden – zu einem Gedächtnis, das nicht Vergangenes erinnert, sondern uns in die Gegenwart von Christi Liebe hineinzieht. Und so ist die *Berakha*, das Segens- und Dankesgebet Israels zu unserer Eucharistiefeier geworden, in der der Herr unsere Gaben – Brot und Wein – segnet, um in ihnen sich selber zu schenken. Bitten wir den Herrn, daß er uns hilft, dieses wunderbare Geheimnis immer tiefer zu verstehen, es immer mehr zu lieben und darin ihn selber immer mehr zu lieben. Bitten wir ihn, daß er uns in der heiligen Kommunion immer mehr hineinzieht in sich selbst. Bitten wir ihn, daß er uns hilft, unser Leben nicht für uns selber zu behalten, sondern es ihm zu schenken und so mit ihm dahin zu wirken, daß die Menschen das Leben finden – das wahre Leben, das nur von dem kommen kann, der selbst der Weg, die Wahrheit und das Leben ist.

KARFREITAG

»Wir wollen uns an die Brust schlagen«

*Zum Kreuzweg am Karfreitag**

A uch in diesem Jahr haben wir wieder den Kreuzweg, die *Via Crucis*, zurückgelegt und dabei der Stationen der Passion Christi im Glauben gedacht. Unsere Augen haben wieder das Leiden und die Todesangst gesehen, die unser Erlöser in der Stunde des großen Schmerzes ertragen mußte, die den Höhepunkt seiner irdischen Sendung anzeigte. Jesus stirbt am Kreuz und ruht im Grab. Der Karfreitag, der so sehr von menschlicher Trauer und religiösem Schweigen erfüllt ist, endet in der Stille der Betrachtung und des Gebets. Wenn wir nach Hause gehen, wollen auch »wir uns an die Brust schlagen« wie diejenigen, die beim Opfertod Jesu zugegen waren, und über alles Vorgefallene nachdenken (vgl. *Lk* 23,48). Kann man etwa gleichgültig bleiben angesichts des Todes eines Gottes? Für uns, für unser

---

* Aus den Worten zum Kreuzweg am Kolosseum 2008

140

Heil ist er Mensch geworden und am Kreuz gestorben.

[...] richten wir unsere Blicke, die oft von zerfahrenen und flüchtigen irdischen Interessen abgelenkt werden, heute auf Christus; halten wir inne, um uns in sein Kreuz zu versenken. Das Kreuz ist Quelle unsterblichen Lebens, es ist Schule der Gerechtigkeit und des Friedens, es ist universelles Erbe der Vergebung und des Erbarmens; es ist bleibender Beweis einer selbstlosen und unendlichen Liebe, die Gott dazu gedrängt hat, ein verwundbarer Mensch wie wir zu werden – bis zum Tod am Kreuz. Seine durchbohrten Arme öffnen sich für jeden Menschen und laden uns ein, uns ihm in der Gewißheit zu nähern, daß er uns aufnimmt und in einer Umarmung von unendlicher Zärtlichkeit an sich zieht: »Und ich, wenn ich über die Erde erhöht bin, werde alle zu mir ziehen« (*Joh* 12,32), hatte er gesagt.

Durch den leidvollen Weg des Kreuzes sind die Menschen aller Zeiten, versöhnt und erlöst durch das Blut Christi, zu Freunden Gottes, zu Kindern des himmlischen Vaters geworden. »Freund!« nennt Jesus den Judas und richtet an ihn die letzte dramatische Aufforderung zur Umkehr; Freund nennt er jeden von uns, da er ein wahrer Freund aller ist. Leider sind die Menschen nicht immer dazu imstande, die Tiefe dieser grenzenlosen Liebe zu begreifen, die Gott für seine Geschöpfe hegt. Für ihn gibt es keinen Unterschied nach Rasse und Kultur. Jesus Christus ist gestorben, um die ganze Menschheit von der Unkenntnis Gottes, vom Kreis des Hasses und der Rache, von der Knechtschaft der Sünde zu befreien. Das Kreuz macht uns zu Geschwistern.

Wir fragen uns: Was aber haben wir mit dieser Gabe gemacht? Was haben wir mit der Offenbarung des Antlitzes Gottes in Christus, mit der Offenbarung der Liebe Gottes, die den Haß besiegt, gemacht? So viele auch in unserer Zeit kennen Gott nicht und können ihn nicht im gekreuzigten Christus finden; so viele sind auf der Suche nach einer Liebe und einer Freiheit, die Gott ausschließt; so viele glauben, Gott nicht zu brauchen. [...] nachdem wir miteinander das Leiden und Sterben Jesu erlebt haben, lassen wir [...] zu, daß sein Opfer am Kreuz uns anspricht; gestatten wir ihm, unsere menschlichen Gewißheiten in Frage zu stellen; öffnen wir ihm unser Herz: Jesus ist die Wahrheit, die uns frei macht zu lieben. Fürchten wir uns nicht! Durch sein Sterben hat der Herr die Sünder, also auch uns alle, gerettet. Der Apostel Petrus schreibt: Jesus

»hat unsere Sünden mit seinem Leib auf das Holz des Kreuzes getragen, damit wir tot seien für die Sünden und für die Gerechtigkeit leben. Durch seine Wunden seid ihr geheilt« (*1 Petr* 2,24). Das ist die Wahrheit des Karfreitags: Am Kreuz hat uns der Erlöser die Würde zurückgegeben, die uns zukommt; er hat uns zu Adoptivkindern Gottes gemacht, der uns nach seinem Bild und Gleichnis geschaffen hat. Verweilen wir daher in Anbetung vor dem Kreuz. O Christus, gekreuzigter König, schenk uns die wahre Kenntnis von dir, die Freude, nach der wir uns sehnen, die Liebe, die unser Herz, das nach dem Unendlichen dürstet, erfüllt. Darum bitten wir dich [...], Jesus, Sohn Gottes, der du für uns am Kreuz gestorben und am dritten Tag auferstanden bist.

Quellen

Fastenzeit

Botschaft für die Fastenzeit 2009. Aus dem Vatikan, 11.12.2008
Botschaft für die Fastenzeit 2007. Aus dem Vatikan, 30.10. 2009
Botschaft für die Fastenzeit 2006. Aus dem Vatikan, 29.9.2005

Aschermittwoch

Ansprache, Generalaudienz, Mittwoch, 17.2 2010
Predigt, Aschermittwochsliturgie, Basilika Santa Saboma auf
dem Aventin, 1.3.2006
Predigt, Aschermittwochsliturgie, Basilika Santa Saboma auf
dem Aventin, 6.2.2008

Mit Leib und Seele fasten

Predigt, V. Sonntag der Fastenzeit, Pastoralbesuch in der römischen Pfarrgemeinde Santa Felicita e Figli Martiri, 25.3.2007
Predigt, Bußgottesdienst mit den Jugendlichen Roms zur Vorbereitung auf den XXIII. Weltjugendtag, Petersdom, 13.3.2008

Palmsonntag

Predigt, Eucharistiefeier am Palmsonntag, XXIII. Weltjugend-
tag, Petersplatz, 16.3.2008
Predigt, Eucharistiefeier am Palmsonntag und Passion des
Herrn, XXI. Weltjugendtag, Petersplatz, 9.4.2006

Chirsammesse

Predigt, »Missa Chrismatis«, Gründonnerstag, Petersdom, 9.4.2009
Predigt, »Missa Chrismatis«, Gründonnerstag, Petersdom, 5.4.2007
Predigt, »Missa Chrismatis«, Gründonnerstag, Petersdom, 1.4.2010

Gründonnerstag

Predigt, Messe »in coena domini«, Gründonnerstag, Lateranba-
silika, 20.3.2008
Predigt, Messe »in coena domini«, Gründonnerstag, Lateranba-
silika, 5.4.2007

Karfreitag

Worte, Kreuzweg am Kolosseum, Karfreitag, Palatin, 21.3.2008